© 2019
MINISTERIO GLORIA Y MARAVILLAS

Contacto:
www.ministeriogloriaymaravillas.com
contacto@ministeriogloriaymaravillas.com
mauriciodejimenezoficial@gmail.com
Reservados todos los derechos.

Prohibida la reproducción total o parcial de esta obra sin la debida autorización del autor.

Publicación: agosto 2019

Diseño gráfico: Edgar Mateo
Edición: Mauricio de Jiménez, Arlina Luciano, Parménides Vidal.

CONTENIDO

PRÓLOGO -- Pág. 3

AGRADECIMIENTOS ----------------------------- Pág. 5

INTRODUCCIÓN ---------------------------------- Pág. 6

CAPÍTULO I- HAY MIRADAS QUE SALVAN ----------- Pág. 7

CAPÍTULO II- HAY TOQUES QUE TRANSFORMAN --- Pág. 22

CAPÍTULO III- HAY SABOR EN TU VIDA -------------- Pág. 34

CAPÍTULO IV- HAY AROMAS QUE INSPIRAN -------- Pág. 51

CAPÍTULO V- HAY UNA VOZ QUE ESCUCHAR ------- Pág. 63

HAY UN FINAL FELIZ ---------------------------- Pág. 69

ÚLTIMAS PALABRAS ---------------------------- Pág. 76

PRÓLOGO

En lo personal, tener participación en este libro es más que un privilegio, sobre todo al tratarse de mi amada hermana Flérida.

No me sorprende en absoluto su capacidad e intelecto, porque conociéndola por más de 15 años, he podido notar una mente brillante, capacidad de análisis y espíritu crítico. Al leer su contenido, además de las citadas características, he podido notar en este su primer libro, una capacidad inspiradora para transmitir sus ideas en forma elegante, clara y precisa.

Esta obra aborda uno de los temas más trascendentes en la vida de un creyente, la adoración, ya que fuimos creados para la alabanza de la gloria de nuestro Dios.

Los 5 Sentidos del Adorador es tratado en forma innovadora porque parte del diseño de Dios al momento de crearnos y dotarnos de sentidos.

Romper con la rutina de la vida y hacer de nuestros días plenos y llenos de satisfacción en Dios independientemente de la circunstancia, es un reto que encuentra respuesta a lo largo de cada uno de sus capítulos. No solo encontraremos inspiración para los creyentes sino para aquellos no creyentes a quienes desafía para que se vuelvan a su Creador.

La grandeza de esta obra literaria, más que en las habilidades de la escritora, se encuentra en el uso correcto que hace de la Palabra de Dios, la cual es rica y nos brinda recursos extraordinarios a través del uso de los 5 sentidos para llevarnos a la correcta adoración a Dios.

En todo tiempo y lugar siempre estamos haciendo uso de los sentidos, con la diferencia de que no siempre el uso que le damos es el adecuado.

En este libro, usted encontrará suficiente motivación para hacer de la rutina del día a día, un espacio para vivir agradecidos sirviendo y adorando a Dios.

Nos insta a desarrollar hábitos saludables y crear un estado de conciencia que nos va a permitir glorificar a Dios independientemente de las circunstancias.

Esta obra puede ser utilizada en varias formas:

- De manera particular, donde el lector puede ir leyendo y meditando a manera de devocional.
- En pequeños grupos en el que pueden analizar porciones de cada capítulo y donde los participantes puedan hablar de sus experiencias espirituales con la lectura de los pasajes bíblicos utilizados, más la sugerencia de la escritora.
- Maestros-predicadores-teólogos podrían utilizar notas para enriquecer enseñanzas con el tema de La Adoración como estilo de vida.

Te invito a que aproveches la oportunidad de leer esta obra para tu enriquecimiento espiritual.

Parménides Vidal

Teólogo y pastor de la Iglesia Cristiana de la Comunidad en Santo Domingo, República Dominicana.

AGRADECIMIENTOS

Infinitas gracias a mi Señor y sustentador, por usarme como instrumento de gracia.

A Edgar Jiménez, mi siempre amado, por su apoyo y consejos.

Mariavictoria Jiménez Mauricio, porque a través de mi amor hacia ti, pude entender el inexplicable amor de Dios hacia mí.

Luis Mauricio y Mercedes Castillo, gracias por ser padres entregados, sacrificados e íntegros.

Pastores Parménides Vidal y Cristóbal Cardoza, por su ejemplo de fidelidad y servicio al Señor.

Arlina Luciano, mi editora auxiliar. Mi aliada de aventuras.

INTRODUCCIÓN

Porque para mí el vivir es Cristo y el morir es ganancia. **Filipenses 1:21**

Este libro te desafiará a vivir una vida más como Jesús.

Oramos constantemente por tu vida, para que al leer estas líneas sientas la voz del Señor hablando a tu corazón. Que puedas ver con los ojos de Cristo, tocar como lo hizo Cristo, que cada uno de tus sentidos esté alineado a la voluntad de Cristo.

Como dijera un predicador: "no verás tu muerte como una ganancia hasta que no hayas vivido para Cristo."

Deje el impío su camino, y el hombre inicuo sus pensamientos, y vuélvase a Jehová, el cual tendrá de él misericordia, y al Dios nuestro, el cual será amplio en perdonar. **Isaías 55:7**

CAPÍTULO I

HAY MIRADAS QUE SALVAN

El sentido de la vista nos permite ponernos en contacto con un Dios que se muestra cada día a través de su creación. Es maravilloso poder contemplar lo que nos rodea. Es una gran bendición ver el rostro de nuestros seres más amados. Esta es una ocasión oportuna para dar gracias a Dios por tus ojos y por el regalo de poder mirar.

También es una ocasión oportuna para evaluar qué estamos mirando.

En cierta ocasión, dos amigos volvieron al pueblo 20 años después y conversaban mientras caminaban por un antiguo parque. Uno de estos amigos hablaba sobre la inversión económica que requería el lugar. Necesitaba ser pintado, remozado, adornado. Explicaba cómo a los visitantes había que educarlos y que los niños no debían ser tan alborotados. Iba a sus recuerdos del pasado trayendo críticas al presente, indicando que ya jamás ese parque volvería a ser lo que era. Su amigo, quien parecía distraído y poco atento a la conversación, tan solo susurró: "Es impresionante como he vuelto a mi niñez y recordado tantas aventuras disfrutadas en este lugar".

Un mismo lugar, dos miradas diferentes. ¿Cómo ve usted la vida? ¿Es como el primer amigo, cargado de críticas, quejas, murmuraciones; o es usted capaz de mirar con el corazón y sacar lo mejor de cada experiencia?

Un adorador comprende que su mirada y la forma como mira el mundo y sus circunstancias tienen un impacto que perdura. Un adorador mira el mundo como Jesús, quien en su mirada impartía bondad, misericordia y salvación.

¹⁸Andando Jesús junto al mar de Galilea, vio a dos hermanos, Simón, llamado Pedro, y Andrés su hermano, que echaban la red en el mar; porque eran pescadores.
¹⁹ Y les dijo: Venid en pos de mí, y os haré pescadores de hombres.
²⁰ Ellos entonces, dejando al instante las redes, le siguieron.
²¹ Pasando de allí, vio a otros dos hermanos, Jacobo hijo de Zebedeo, y Juan su hermano, en la barca con Zebedeo su padre, que remendaban sus redes; y los llamó.
²² Y ellos, dejando al instante la barca y a su padre, le siguieron.
²³ Y recorrió Jesús toda Galilea, enseñando en las sinagogas de ellos, y predicando el evangelio del reino, y sanando toda enfermedad y toda dolencia en el pueblo.
²⁴ Y se difundió su fama por toda Siria; y le trajeron todos los que tenían dolencias, los afligidos por diversas enfermedades y tormentos, los endemoniados, lunáticos y paralíticos; y los sanó.
²⁵ Y le siguió mucha gente de Galilea, de Decápolis, de Jerusalén, de Judea y del otro lado del Jordán. **Mateo 4:18-25**

¡Jesús los vio! ¡Qué gran privilegio y hermoso regalo, ser visto por Jesús! Jesús los vio y sus vidas cambiaron.

Vayamos hacia esta escena. Allí estaban estos 4 hombres en un día normal en el mar de Galilea, envueltos en sus afanes diarios. Eran pescadores de oficio, ir de pesca era completamente cotidiano en sus vidas. Esta profesión requería destreza y resistencia para poder enfrentar las posibles contrariedades del mar y soportar largas horas bajo el sol. Por lo que podemos afirmar que estos 4 hombres gozaban de fuerza, energía y salud. Si alguien les hubiera preguntado qué necesitaban seguramente solo hubiesen pedido grandes peces para ese día, una pesca exitosa.

Ellos ya habían escuchado hablar sobre Jesús, Lucas 4:14 indica que Jesús era famoso y reconocido en todo el pueblo y la tierra alrededor. Debido a esta fama muchos anhelaban conocerle, quizás los corazones de estos 4 hombres ardían y deseaban un encuentro con aquel tan mencionado Jesús. Así que un día ocurrió, Jesús llegó a ellos, los vio, se les acercó y los llamó. Jesús los vio. Y al verlos sabía lo que realmente ellos necesitaban desde el fondo de sus corazones. No les ofreció peces grandes, les ofreció un nuevo camino, les ofreció la salvación. Así fue como una mirada de Jesús esa mañana cambió sus vidas.

¿Quién a tu alrededor necesita una mirada tuya? ¿Hay alguien que anhele en su corazón ser visto por ti de tal manera que pueda cambiar su vida? Pide al Señor discernimiento para identificar esas personas que necesitan que los mires con ojos de piedad, de bondad. Un subordinado en la empresa, un colega en soledad o angustia, un superior atormentado, un cónyuge sin afecto, unos hijos desprotegidos.

Quizás tu fama de cristiano se ha expandido en los alrededores y alguien anhela acercarse a ti para cambiar su vida.

Jesús los vio y sus vidas fueron transformadas de tal manera que 2 mil años más tarde sus historias nos inspiran. Eso nos ofrece Jesús, una vida trascendental. Una vida que inspira y supera los límites del tiempo.

14 Vino Jesús a casa de Pedro, y vio a la suegra de éste postrada en cama, con fiebre.
15 Y tocó su mano, y la fiebre la dejó; y ella se levantó, y les servía.
Mateo 8:14-15

Cuando Jesús llega a la vida de un ser humano pone sus ojos en todo su entorno. Jesús vio a Pedro y a Andrés, y al hacerlo vio también su hogar.

Jesús los vio y renovó sus familias. Es importante observar que no solo sus vidas fueron transformadas sino también sus hogares. 2 parejas de hermanos fueron vistas por Jesús. Puedo imaginar cómo este evento se convirtió en un tema de conversación por varios meses en estos hogares impactados por una mirada de Jesús.

¿Cuánto interés sincero y activo mostramos por la vida personal de quienes nos rodean? Cada día nos volvemos más estructurados, pareciera como si nos desintegráramos en áreas particulares. Un seguidor de Jesús pone su vista en el prójimo a 360 grados.

¿Cuáles son los temores más profundos de sus empleados o subordinados? Si los conocieras podrías orar por ellos y ayudarles a encontrar tranquilidad. ¿Cuáles son las preocupaciones que inquietan la mente de tus hijos? ¿Cuántos de tus amigos atraviesan momentos de crisis familiar, enfermedad, tristeza, soledad?

Un adorador comprende que es parte del Reino de Dios en la tierra y eso solo se logra al poner nuestra vista con amor y misericordia sobre los demás.

[9] Pasando Jesús de allí, vio a un hombre llamado Mateo, que estaba sentado al banco de los tributos públicos, y le dijo: Sígueme. Y se levantó y le siguió.
[10] Y aconteció que estando él sentado a la mesa en la casa, he aquí que muchos publicanos y pecadores, que habían venido, se sentaron juntamente a la mesa con Jesús y sus discípulos.
[11] Cuando vieron esto los fariseos, dijeron a los discípulos: ¿Por qué come vuestro Maestro con los publicanos y pecadores?
[12] Al oír esto Jesús, les dijo: Los sanos no tienen necesidad de médico, sino los enfermos.
[13] Id, pues, y aprended lo que significa: Misericordia quiero, y no sacrificio. Porque no he venido a llamar a justos, sino a pecadores, al arrepentimiento. **Mateo 9:9-13**

En Mateo 9:9-13 Dios nos muestra 2 miradas. Nosotros también tenemos 2 formas en las que podemos mirar al mundo.

Los publicanos eran personas rechazadas por su comunidad, ya que exigían grandes sumas de dinero por los impuestos a favor del Imperio Romano. Eran vistos como traidores debido a que muchos de esos publicanos eran judíos, y siendo judíos oprimían a su propio pueblo.

Allí estaba Mateo, uno de esos rechazados sociales. Probablemente con un rostro endurecido, pocas palabras y cejas fruncidas. Pero con un corazón que anhelaba una mirada de amor, de amistad y comprensión.

¿Cuál es tu actitud ante las personas rechazadas por la sociedad? ¿Reconoces a las personas rechazadas en tu país, área de trabajo, aula de clases, en tu sector, en tu familia?

Un día normal, mientras realizaba su difícil y desagradable labor, alguien miró al cobrador de impuestos. Era Jesús, aquel personaje famoso de quienes todos hablan, aquel que todos siguen, quien hace milagros inefables. Ese Jesús miró con amor a un Mateo solitario y despreciado. El impacto de aquella mirada fue de tal magnitud, que Mateo estuvo dispuesto a entregarlo todo, a dejarlo todo y seguirle.

Esa es la primera forma de ver al mundo, con amor, con misericordia. Así como Cristo miró a Mateo, así como Cristo me vio a mí, así como Cristo te ve a ti.

La segunda forma en la que podemos mirar al mundo es con ojos de fariseo.

[11] Cuando vieron esto los fariseos, dijeron a los discípulos: ¿Por qué come vuestro Maestro con los publicanos y pecadores?
[12] Al oír esto Jesús, les dijo: Los sanos no tienen necesidad de médico, sino los enfermos.
[13] Id, pues, y aprended lo que significa: Misericordia quiero, y no sacrificio. Porque no he venido a llamar a justos, sino a pecadores, al arrepentimiento. **Mateo 9:11-13**

Si somos honestos con nosotros mismos, reconoceremos que esta mirada es la más cómoda. Es la que más se ajusta a nuestra naturaleza humana y caída. Los fariseos eran seres humanos fallidos, como usted y como yo. Propensos a juzgar, a condenar. ¿Cómo es posible que este Jesús no reconozca a estos publicanos como traidores? Alguien debe hacerle saber la condición moral de estas personas, alguien debe dividirles, alguien debe...

¿Cuántas veces hemos sido como aquellos fariseos? ¿Cuántas veces hemos actuado como agentes de división en lugar de unión? ¿Cuántas amistades y relaciones hemos ayudado a quebrar?

La mirada del fariseo condena mientras la mirada de Jesús trae salvación.

[18] Mientras él les decía estas cosas, vino un hombre principal y se postró ante él, diciendo: Mi hija acaba de morir; mas, ven y pon tu mano sobre ella, y vivirá.
[19] Y se levantó Jesús, y le siguió con sus discípulos.
[20] Y he aquí una mujer enferma de flujo de sangre desde hacía doce años, se le acercó por detrás y tocó el borde de su manto;
[21] porque decía dentro de sí: Si tocare solamente su manto, seré salva.
[22] Pero Jesús, volviéndose y mirándola, dijo: Ten ánimo, hija; tu fe te ha salvado. Y la mujer fue salva desde aquella hora.
[23] Al entrar Jesús en la casa del principal, viendo a los que tocaban flautas, y la gente que hacía alboroto,
[24] les dijo: Apartaos, porque la niña no está muerta, sino duerme. Y se burlaban de él.
[25] Pero cuando la gente había sido echada fuera, entró, y tomó de la mano a la niña, y ella se levantó.
[26] Y se difundió la fama de esto por toda aquella tierra. **Mateo 9:18-26**

Estando Jesús ejerciendo su ministerio de predicación y enseñanza a sus discípulos en Nazaret, se le acercó uno de los principales funcionarios de la sinagoga, llamado Jairo. Su hija acababa de morir y solo el Señor podía devolverle la vida. Jesús accedió a su petición y fue en su ayuda. De repente, sintió un toque extraño, un toque poco común, era un toque de fe.

Al buscar a su alrededor miró a esta mujer, de la cual no se registra su nombre. Ahí estaba ella, temblorosa y asustada. Nunca esperó alcanzar la mirada de Jesús, tan solo el borde de su manto hubiera sido suficiente. Sin embargo, Él le otorgó mucho más de lo que ella esperaba, le otorgó su mirada, su atención. Jesús detuvo su camino, la miró, la sanó y la salvó.

Amigo lector, te pido que me acompañes con tu imaginación a aquel momento. Jesús se dirigía a la casa de un gran funcionario, respetado y admirado por el pueblo. La multitud le apretaba, quizás estaba cansado por tantas horas de trabajo, quizás hambriento, quizás con necesidades y aflicciones propias de su humanidad. No había tiempo para perder en nimiedades, era urgente e importante concluir esta labor. Pero una mujer, enferma, llena de complejos y temores, detuvo su camino y aún más, alcanzó su mirada.

¿Estaríamos dispuestos a detener nuestro paso, frecuentemente apresurado y enfocado en asuntos urgentes y muy importantes, para atender la necesidad de alguien "inferior"? Y en tu familia, ¿cuántos necesitan que detengas tu paso apresurado y urgente para prestarle atención? ¿Tus padres quizás?

Hay personas, no en frente ni al lado, sino detrás nuestro que necesitan con desesperación que detengamos nuestro paso y le miremos con amor. Mirar con amor según el ejemplo de Jesús va más allá de otorgar una mirada momentánea y sonriente, es detenerse, prestar atención, escuchar y empatizar con las dificultades ajenas, y en lo que de nosotros dependa sanar sus heridas físicas y espirituales. Así como Jesús nos enseñó.

²⁷ Pasando Jesús de allí, le siguieron dos ciegos, dando voces y diciendo: ¡Ten misericordia de nosotros, Hijo de David! ²⁸ Y llegado a la casa, vinieron a él los ciegos; y Jesús les dijo: ¿Creéis que puedo hacer esto? Ellos dijeron: Sí, Señor. ²⁹ Entonces les tocó los ojos, diciendo: Conforme a vuestra fe os sea hecho. **Mateo 9:27-29**

Jesús había mostrado su gran poder, todos hablaban de sus milagros nunca vistos, y de su sorprendente mensaje. Era la gran oportunidad para estos dos hombres ciegos de recibir la vista. Ellos seguían a Jesús mientras exclamaban: **¡Ten misericordia de nosotros, Hijo de David!**

Al llamar a Jesús hijo de David, aquellos hombres estaban reconociéndolo como el mesías esperado. Aquel mesías que vendría a rescatarlos y el único que podría sanarlos. Es impresionante esta escena. Dos hombres físicamente ciegos tenían sus ojos espirituales bien abiertos. Podían ver lo que la gran mayoría no veía. La sanidad de aquellos hombres estaba supeditada al tamaño de la fe que tenían en Jesús. ¿Y qué sucedió? ¡FUERON SANADOS!

¿Te imaginas qué sería de nosotros si nuestras bendiciones dependieran del tamaño de nuestra fe?

Este milagro en particular llama mucho mi atención, una deficiencia física no logró cegar la fe de estos hombres. Una ceguera física no limitó su visión espiritual. ¿Con qué nivel de fe estamos dispuestos a enfrentar nuestras limitaciones? ¿Ha logrado una limitación física o emocional cegarnos espiritualmente? ¿Somos capaces de reconocer a Jesús como nuestro salvador y sustentador aun cuando estamos atravesando circunstancias oscuras?

³⁵ Recorría Jesús todas las ciudades y aldeas, enseñando en las sinagogas de ellos, y predicando el evangelio del reino, y sanando toda enfermedad y toda dolencia en el pueblo.
³⁶ Y al ver las multitudes, tuvo compasión de ellas; porque estaban desamparadas y dispersas como ovejas que no tienen pastor.
³⁷ Entonces dijo a sus discípulos: A la verdad la mies es mucha, más los obreros pocos.
³⁸ Rogad, pues, al Señor de la mies, que envíe obreros a su mies. **Mateo 9:35-38**

En el pasaje bíblico anterior leemos que Jesús recorría todas las ciudades y aldeas de los alrededores. Andaba por cada una de ellas, miraba las multitudes con compasión y les servía, ministraba y los libraba de sus cadenas espirituales y físicas. Al pasar del tiempo realizar una labor como esta resulta más complicado, las ciudades cada vez son más grandes, pobladas y distantes una de otra. ¡La mies es a la verdad mucha, se necesita obreros!

Hoy más que nunca la iglesia necesita adoradores que miren a la multitud con ojos de compasión. Obreros probos y entregados a predicar con sus voces y con sus vidas el evangelio del Reino.

El mundo necesita una mirada de compasión, el mundo necesita salvación.

La mies o espiga era el nombre que recibían los cereales. En el pasaje bíblico se hace referencia al proceso de recolección de cereales.

En la investigación que realizaran los Sres.: Ma. LUISA GONZÁLEZ-MORO ZINCKE Y JESÚS CALDERO FERNÁNDEZ, sobre el proceso antiguo de cultivo y recolección de cereales, nos arrojan luz sobre en qué consistía este proceso, ellos nos explican:

"Cuando las plantas han madurado se procede a su recolección o cosecha. Era el trabajo más temido, por el intenso y agotador esfuerzo que suponía, y festejado, por la alegría de tener el grano y la paja en casa. El sistema de recolección tradicional comprendía las siguientes labores: siega, acarreo de la mies a la era, trilla, operación de aventar y recogida del grano y paja.

La operación de cortar las mieses recibe el nombre de siega. Ésta, hasta hace muy pocos años dicho sistema aún era empleado por los labradores más pobres y por los demás en las parcelas muy pequeñas. (...) la siega era una de las tareas más fatigosas, pues hombres, mujeres y adolescentes trabajaban sin descanso y bajo un sol implacable que mantenía durante la mayor parte de las horas de trabajo una temperatura muy elevada. La jornada se iniciaba al amanecer, aproximadamente a las seis de la mañana, y duraba hasta el anochecer, momento en el que los segadores regresaban a sus casas para cenar y acostarse temprano.

La mies segada se iba depositando en unos montones denominados «gavillas». Cuando su número era abundante los hombres y también a veces las mujeres las juntaban y ataban formando los «manojos». Para atarlos se empleaban tallos de centeno llamados «garañuelas».

Los manojos de cada tierra se agrupaban en dos o tres montones con forma rectangular denominados «mornales».

Las personas más ancianas o las mujeres con niños pequeños se encargaban de hacer la comida y de transportarla, generalmente, en asnos al campo."

Dime si no sentiste cansancio físico tan solo con leer esta breve descripción.

No es de extrañar que Jesús usara el termino ROGAR. El trabajo era demasiado, los obreros debían rogar al empleador que trajera más obreros que ayuden con esta difícil tarea.

"La siega era una de las tareas más fatigosas, pues hombres, mujeres y adolescentes trabajaban sin descanso y bajo un sol implacable que mantenía durante la mayor parte de las horas de trabajo una temperatura muy elevada. La jornada se iniciaba al amanecer, aproximadamente a las seis de la mañana, y duraba hasta el anochecer."

En el proceso de la siega no había distinción de obreros, todos eran recibidos y útiles. Hombres, mujeres, jóvenes, niños todos podían ayudar desde sus diversos roles y capacidades. Los obreros eran personas sencillas, simples, no intelectuales ni eruditos. Así que había que rogar al Señor de la mies que enviara obreros no importando su condición en términos físicos o intelectuales.

Sin embargo, si importaba su condición espiritual, el obrero de la mies debía tener un corazón de servicio, poder trabajar en equipo desde la empatía, debía estar dispuesto a sacrificar sus comodidades para entregarse a este arduo trabajo, sabiendo que daría cuenta al Señor de la mies por la tarea realizada y al final del día recibir su paga.

Jesús miró la multitud y vio una cantidad de mies que debía ser segada, acarreada, trillada y aventada. Una difícil tarea espiritual que aún hoy requiere de obreros. ¡Oremos, iglesia del Señor, por obreros!

Es maravilloso como Jesús mira con compasión y amor a esta gran multitud a pesar de saber que un día estas mismas personas estarían gritando a una voz que fuera crucificado. El corazón de un adorador ama y sirve aun sabiendo que no recibirá gratitud por su labor. Todavía más, un adorador ama y sirve a pesar de saber que recibirá desprecio y traición.

Miremos al mundo con ojos de compasión, recordando que nuestra recompensa no viene de ningún ser humano, sino del dueño de la mies. Será nuestro Señor quien al final del día nos evaluará y nos dirá: *"bien hecho, siervo bueno y fiel, sobre poco has sido fiel, sobre mucho te pondré; entra al gozo de tu Señor."*
Mateo 25:23

DOS TIPOS DE MIRADAS: UNA PARA CONDENACIÓN, OTRA PARA SALVACIÓN

La Biblia nos narra acerca de diferentes tipos de miradas, miradas de compasión, miradas de temor, miradas de desprecio, miradas de tristeza. Pero existen 2 tipos de miradas que pueden definir y marcar nuestras vidas para siempre.

La Palabra nos habla de una mujer que cuando debió mirar hacia adelante con todas las fuerzas de su corazón, tomó una decisión que no solo afectó su vida sino a toda su generación. Esta mujer en un momento crucial para ella y para los suyos decidió mirar hacia atrás.

²⁴ Entonces Jehová hizo llover sobre Sodoma y sobre Gomorra azufre y fuego de parte de Jehová desde los cielos;
²⁵ y destruyó las ciudades, y toda aquella llanura, con todos los moradores de aquellas ciudades, y el fruto de la tierra.
²⁶ <u>Entonces la mujer de Lot miró atrás, a espaldas de él, y se volvió estatua de sal.</u> **Génesis 19:24-26**

Ahí estaba ella, con un futuro de esperanza por delante y un pasado siendo destruido a su espalda. Hacia adelante le esperaba la bendición de Dios y hacia detrás la desolación. ¿Cuál era realmente el problema? Detrás quedaba todo lo que durante años habían construido, el prestigio social, bienes materiales, posesiones de todo tipo. Atrás quedaba todo lo que durante años le brindó seguridad y estabilidad. Por delante le esperaba la provisión de Dios, la cual sería dada en el tiempo de Dios y al modo de Dios.

Pero no juzguemos cruelmente a esta mujer, ella podría representar la condición humana y carnal de muchos de nosotros. ¿Cuántos aun llamándonos cristianos hemos buscado la seguridad, estabilidad espiritual y emocional a través de las posesiones materiales? ¿Cuántos para alcanzar objetivos hemos preferido confiar en las influencias y relaciones sociales antes que en la provisión de nuestro Señor?

Sin embargo, la palabra de Dios nos presenta una opción más perfecta de hacia dónde enfocar nuestra mirada.

[1] Si, pues, habéis resucitado con Cristo, buscad las cosas de arriba, donde está Cristo sentado a la diestra de Dios.

[2] Poned la mira en las cosas de arriba, no en las de la tierra. **Colosenses 3:1-2**

¿Cómo es posible que la esposa de Lot acabando de ser salvada de la muerte por el mismo Dios pudo desobedecer el mandato de no mirar atrás? Era tan sencillo, solo NO MIRAR ATRÁS. En la cita anterior podríamos encontrar la respuesta. La esposa de Lot no tenía una relación personal con Dios. Su relación íntima era con la banalidad de este mundo. Sus amistades, sus esfuerzos, su esperanza, todo giraba y se fundamentaba en lo que ella había sembrado en aquel lugar de pecado y maldad.

Hoy, al igual que ayer, el mandato es a NO MIRAR ATRÁS. Tan solo eso pide el Señor. Ese Dios que un día vino personalmente a rescatarnos de la muerte y la destrucción a ti y a mí.

Ese mismo Dios de los tiempos de LOT es el que hoy nos dice (y parafraseo): si recibiste la salvación a través de Cristo, PON TUS

OJOS HACIA ARRIBA, mira las cosas que YO te ofrezco. YO te proveeré y te sustentaré.

Quizás, si enfocamos nuestra propia vida veríamos con mayor misericordia a esta mujer. Si entendemos que ella nos representa a todos los que aun siendo salvados por la sangre de Cristo miramos lo terrenal y allí ponemos la confianza.

La esposa de Lot, quien pasa a la historia sin un nombre que la identifique, quien con su decisión marcó un futuro incierto para sus hijas y esposo, quien valoró sus riquezas y bienes más que a su familia. Esta mujer nos recuerda hacia donde NO debemos mirar, so pena de llegar a perder todo lo que realmente importa.

Hay miradas que pueden cambiar el curso completo de nuestras vidas. Dios en su misericordia y gran bondad nos llama a poner nuestra mirada en Cristo, a mirar hacia lo alto. Así como en el desierto la salvación estaba al mirar hacia arriba.

[8] Y Jehová dijo a Moisés: Hazte una serpiente ardiente, y ponla sobre una asta; y cualquiera que fuere mordido y mirare a ella, vivirá.
[9] Y Moisés hizo una serpiente de bronce, y la puso sobre una asta; y cuando alguna serpiente mordía a alguno, miraba a la serpiente de bronce, y vivía. **Números 21:8-9**

Cristo es esa serpiente de salvación en nuestro desierto. Cuando la vida nos debilite, miremos hacia arriba, miremos a Cristo. Cuando necesitemos paz, miremos a Cristo. En busca de consuelo, miremos a Cristo. Cristo, solo Cristo, miremos a Cristo.

Podemos continuar mirando hacia atrás y las cosas que nos atan a este mundo caído, o mirar hacia arriba, allí donde está Cristo sentado a la diestra del Padre ofreciéndonos salvación continuamente.

¿Hacia dónde has mirado en los momentos más difíciles de tu vida? El apóstol Pablo sugiere que para alcanzar una meta debemos enfocar nuestra mirada en el objetivo.

[13] Hermanos, yo mismo no pretendo haberlo ya alcanzado; pero una cosa hago: olvidando ciertamente lo que queda atrás, y extendiéndome a lo que está delante, [14] prosigo a la meta, al premio del supremo llamamiento de Dios en Cristo Jesús. **Filipenses 3:13-14**

Pablo fue un hombre con grandes logros terrenales, altos títulos académicos, gozaba de fama y honra. Sin embargo, al mirar a Cristo pudo decir (parafraseo): considero todas mis posesiones como basura, lo más importante para mí es Cristo. Así que para alcanzar la meta fijaré mis ojos en Cristo.

Si el deseo de tu corazón es llegar a ser un adorador de Cristo en Espíritu y verdad, el primer paso es enfocar tu mirada en el objetivo. Solo Cristo puede transformar tu vida, solo Él ofrece una mirada que salva.

CAPÍTULO II

HAY TOQUES QUE TRANSFORMAN

En lo natural y físico es difícil imaginarnos sin el sentido del tacto. Sin la capacidad para identificar temperaturas, texturas, caricias o agresiones. En términos espirituales esta necesidad no es muy diferente. ¿Qué sería de nosotros si estuviéramos incapacitados para percibir el toque transformador del Espíritu Santo?

⁵ Entonces dije:
«¡Ay de mí que soy muerto!,
porque siendo hombre inmundo de labios
y habitando en medio de pueblo que tiene labios inmundos,
han visto mis ojos al Rey, Jehová de los ejércitos.»
⁶ Y voló hacia mí uno de los serafines, trayendo en su mano un carbón encendido, tomado del altar con unas tenazas.
⁷ Tocando con él sobre mi boca, dijo:
—He aquí que esto tocó tus labios,
y es quitada tu culpa
y limpio tu pecado. Isaías 6:5-7

Y hablando de toques que transforman, ¿Cómo no recordar a Isaías? Este siervo de Dios estaba siendo llamado para una gran obra, una encomienda importante. Sería el mensajero de Dios, el profeta del pueblo.

La Biblia nos narra que Isaías en visión pudo contemplar al mismo Dios sentado en su gran trono, alto y sublime. Desconozco cómo reaccionarías tú ante una visión como esta, tampoco imagino cuál sería mi reacción. Pero la reacción que tuvo este hombre escogido por Dios fue de vergüenza y temor. Isaías sabía que ver al mismo Dios podría llevarlo a la muerte, desde ahí podemos deducir lo inmerso que estaba en su visión, era casi como si lo hubiese palpado. Es sorprendente que luego que Isaías ve la majestuosidad de su Señor, se sintiera inmerecedor de tan grande privilegio.

⁵ Entonces dije:
«¡Ay de mí que soy muerto!,
porque siendo hombre inmundo de labios
y habitando en medio de pueblo que tiene labios inmundos,
han visto mis ojos al Rey, Jehová de los ejércitos.»

Me resulta gracioso pensar cuál sería la reacción de muchos cristianos de hoy si nos tocara vivir una experiencia parecida a la de Isaías, quizás nuestras palabras serían:

Entonces dije:
«¡Wao, que bien se siente ser elegido por Dios para esta tarea tan importante!,
Aunque no es de extrañar que haya sido elegido, porque soy un cristiano que ora y ayuna constantemente.
Además, participo en ministerios importantes, he realizado estudios teológicos, hablo hebreo y un poco de griego.
Eso sin mencionar mi tipo de raza y las influencias que he adquirido.
Gracias a todo esto hoy han visto mis ojos al Rey, Jehová de los ejércitos.»

En ocasiones somos tan soberbios en lo que concierne a nuestra relación con Dios.

Que hermosa debió ser la intimidad de Isaías con su Señor, cuan desarrollado debió estar su carácter para que entre tantos hombres Dios lo haya elegido a ser nada más y nada menos que Su portavoz. No obstante, Isaías solo sintió vergüenza y temor. No se sentía suficientemente puro para tan gran privilegio.

Hoy es todo lo contrario, exigimos privilegios. Exigimos dones, talentos, ministerios, unción.

Es esta altivez en nuestro trato con Dios que nos impide ser tocados por el carbón encendido. Ese carbón encendido con el fuego de Su Espíritu, ese carbón encendido que nos sana y nos purifica de nuestras iniquidades.

Isaías sería voz autorizada por Dios ante el pueblo de Israel, su boca debía ser limpiada de todo su pasado. Todas las mentiras que pronunció, todo lo impuro debía ser quemado y quitado de su boca para que en lo adelante sus palabras pudieran transmitir el mensaje del Señor.

¿Cuánto necesito yo ese toque purificador del Señor? Si tú también lo necesitas, te invito a hacer una pausa en este momento y orar al Señor en el nombre de Jesús, reconociendo tu inmundicia, tu indignidad. Y no solo la tuya, también la impureza que te rodea, la cual inevitablemente ha marcado parte de tu conducta y carácter. De la misma forma como Isaías sintió vergüenza por los pecados de su pueblo.

Solo con una actitud de insuficiencia delante de Dios hallaremos su favor y misericordia. Solo al reconocernos débiles alcanzaremos su fortaleza. Solo al vernos como impuros seremos limpiados y tocados por el fuego del Espíritu Santo.

El toque purificador del fuego de Dios es lo que necesitamos hoy, para ser nacidos otra vez en el Espíritu Santo. Y no solo ser usados poderosamente en el reino de Dios, sino también para ser dignos de verle un día cara a cara, donde toda nuestra vergüenza será quitada y a través del Cordero ser dignos de entrar en su gozo.

Hubo otro gran hombre de Dios que experimentó el toque transformador del Señor.

⁷ Y sólo yo, Daniel, vi aquella visión, y no la vieron los hombres que estaban conmigo, sino que se apoderó de ellos un gran temor, y huyeron y se escondieron.
⁸ Quedé, pues, yo solo, y vi esta gran visión, y no quedó fuerza en mí, antes mi fuerza se cambió en desfallecimiento, y no tuve vigor alguno.
⁹ Pero oí el sonido de sus palabras; y al oír el sonido de sus palabras, caí sobre mi rostro en un profundo sueño, con mi rostro en tierra.
¹⁰ Y he aquí una mano me tocó, e hizo que me pusiese sobre mis rodillas y sobre las palmas de mis manos.
¹¹ Y me dijo: Daniel, varón muy amado, está atento a las palabras que te hablaré, y ponte en pie; porque a ti he sido enviado ahora. Mientras hablaba esto conmigo, me puse en pie temblando.
¹² Entonces me dijo: Daniel, no temas; porque desde el primer día que dispusiste tu corazón a entender y a humillarte en la presencia de tu Dios, fueron oídas tus palabras; y a causa de tus palabras yo he venido.
¹³ Mas el príncipe del reino de Persia se me opuso durante veintiún días; pero he aquí Miguel, uno de los principales príncipes, vino para ayudarme, y quedé allí con los reyes de Persia.
¹⁴ He venido para hacerte saber lo que ha de venir a tu pueblo en los postreros días; porque la visión es para esos días.
¹⁵ Mientras me decía estas palabras, estaba yo con los ojos puestos en tierra, y enmudecido.
¹⁶ Pero he aquí, uno con semejanza de hijo de hombre tocó mis labios. Entonces abrí mi boca y hablé, y dije al que estaba delante de mí: Señor mío, con la visión me han sobrevenido dolores, y no me queda fuerza.
¹⁷ ¿Cómo, pues, podrá el siervo de mi señor hablar con mi señor? Porque al instante me faltó la fuerza, y no me quedó aliento.
¹⁸ Y aquel que tenía semejanza de hombre me tocó otra vez, y me fortaleció,
¹⁹ y me dijo: Muy amado, no temas; la paz sea contigo; esfuérzate y aliéntate. Y mientras él me hablaba, recobré las fuerzas, y dije: Hable mi señor, porque me has fortalecido. Daniel 10:7-19

Si leemos con detenimiento este pasaje bíblico, podemos llevar a nuestro corazón algunas importantes verdades.

El versículo 7 de este capítulo 10 del libro de Daniel, inicia con la expresión: y solo yo. Es poderosa y significativa esta afirmación de Daniel. Toda una multitud de hombres se encontraba junto a él en ese momento. Sin embargo, solo a Daniel le fue concedida la visión y la profecía por parte de Dios. Más adelante, Daniel vuelve a enfatizar: <u>quedé, pues, yo solo.</u> Daría la impresión de que en medio de tan fuerte experiencia espiritual a Daniel realmente le turbó haber quedado solo.

¿Has sentido tú lo mismo? En algún proyecto, llamado, visión, ministerio, ¿Has sentido la perturbación que provoca la soledad? ¿Has experimentado el terror de quedar solo ante una gran responsabilidad? ¿Has visto huir a tus compañeros llenos de temor dejándote solo en medio de un gran compromiso?

Si has respondido afirmativamente a estas preguntas debo decirte, ¡felicidades! Eres privilegiado. El Señor te escogió para una gran tarea.

12 Entonces me dijo: Daniel, no temas; porque desde el primer día que dispusiste tu corazón a entender y a humillarte en la presencia de tu Dios, fueron oídas tus palabras; y a causa de tus palabras yo he venido.
14 He venido para hacerte saber lo que ha de venir a tu pueblo en los postreros días; porque la visión es para esos días.
15 Mientras me decía estas palabras, estaba yo con los ojos puestos en tierra, y enmudecido.
16 Pero he aquí, uno con semejanza de hijo de hombre <u>tocó mis labios</u>. Entonces abrí mi boca y hablé, y dije al que estaba delante de mí: Señor mío, con la visión me han sobrevenido dolores, y no me queda fuerza.
17 ¿Cómo, pues, podrá el siervo de mi señor hablar con mi señor? Porque al instante me faltó la fuerza, y no me quedó aliento.
18 Y aquel que tenía semejanza de hombre <u>me tocó otra vez</u>, y me fortaleció.

Amigo, no importa qué tan solo te sientas en medio de este gran llamado de Dios, si al igual que Daniel has puesto tu corazón en entender los caminos del Señor y a humillarte en la presencia de tu Dios, el mismo que te ha llamado y enviado será tu porción y fortaleza.

¹⁶ Pero he aquí, uno con semejanza de hijo de hombre tocó mis labios. Entonces abrí mi boca y hablé, y dije al que estaba delante de mí: Señor mío, con la visión me han sobrevenido dolores, y no me queda fuerza.

¹⁸ Y aquel que tenía semejanza de hombre me tocó otra vez, y me fortaleció,

Daniel dice no puedo hablar, ante tan grande experiencia mi garganta esta atorada, mi boca no logra articular las palabras. Y de inmediato sus labios fueron tocados y Daniel pudo abrir su boca y hablar. Cuanta humildad se vislumbra en la actitud de Daniel.

Tratemos de imaginar a este hombre que estaba siendo llamado, estaba conversando con el mismo Señor. Él no luchó por una bendición, ni cuestionó su llamado. Sino que, con su rostro en suelo, debilitado, turbado, afligido, no podía pronunciar palabras, no podía aún permanecer en pie. Su humildad fue reconocida por el Señor y sus fuerzas fueron restablecidas en un segundo toque del Señor.

Así es, nuestro Señor y Salvador está dispuesto a tocarnos y fortalecernos tantas veces como con humildad lo solicitemos. Solo es necesario reconocer nuestras debilidades, solo se necesita una verdadera admiración reverente ante su majestad y grandeza. Podemos estar convencidos que, al caer, solos, debilitados, sin aliento, el Señor nos tocará, pondrá sabiduría en nuestras palabras y restaurará nuestras fuerzas.

¿Cuántos toques del Señor necesitarás hasta llegar a la meta? Dios está atento a la voz de tú clamor. Así como lo estuvo con Daniel hace siglos atrás. Igual que en aquel momento, hoy existe un ejército de ángeles a nuestro alrededor. El Espíritu Santo, nuestro perfecto consolador y compañero. Jesús, nuestro inigualable Salvador. Y el amoroso Padre celestial, capaz y dispuesto a entregarlo todo por nosotros. Ante tan gran batallón a nuestro favor, la soledad no puede ser más una excusa, la incomprensión no puede ya afligirnos, la debilidad no nos hará rendir.

El toque del Señor está hoy para ti y para mí, Su toque nos animará a seguir adelante.

¹⁴ He venido para hacerte saber lo que ha de venir a tu pueblo en los postreros días; porque la visión es para esos días.

No siempre veremos los resultados finales de nuestro trabajo y sacrificio, algunos frutos serán cosechados por otros, por otras generaciones, quizás por los mismos que nos abandonaron. Pero quién cosechará los frutos no es de nuestra incumbencia. Toda nuestra preocupación y esfuerzo deben orientarse a cumplir el fin para el cual fuimos creados. Al final, solo eso basta, ser usados en el Reino del Señor y calificados como siervos fieles que cumplieron con el propósito de su llamado hasta el último suspiro.

Y he aquí, una mujer que había estado sufriendo de flujo de sangre por doce años, se le acercó por detrás y tocó el borde de su manto;
Mateo 9:20

Nuevamente nos detenemos en esta hermosa historia para aprovechar varias de sus tantas aplicaciones y enseñanzas espirituales. Sencillamente porque esta no era cualquier persona. No fue un apóstol que tocó a Jesús y logró que se desprendiera poder. Lo cierto es que no encuentro en la Biblia ninguna muestra de fe similar realizada por los apóstoles, ningún acto de fe que lograra atraer la atención y el reconocimiento de Jesús. Hay varios factores que hacen de este acontecimiento un milagro muy especial.

Fue una mujer, en aquel tiempo las mujeres eran ignoradas por la sociedad. No eran contabilizadas en los censos, no eran tomadas en cuenta. Imposible que una mujer lograra la atención del mismo Jesús. Estaba enferma, no solo estaba enferma, sino que era la enferma. Estaba afectada su salud y también su dignidad dentro de la sociedad. Pero si el hecho de ser una mujer enferma no era suficiente, agreguemos que su enfermedad consistió en 12 años de flujo menstrual constante. La ley ordenaba que las mujeres fueran apartadas durante su periodo menstrual, esta mujer llevaba 12 años siendo apartada no solo por la sociedad sino también por su familia. Muy probablemente esta mujer no tenía marido, ya que en su condición estaba estrictamente prohibido a cualquier hombre acercarse íntimamente a ella.

¿Qué tenemos aquí? Una rechazada social, una mujer apartada e ignorada por todos. Y fue ese mismo ser humano quien tocó con una fe sin igual el manto de Jesús y alcanzó su poder transformador.

Y tú, ¿Has sentido alguna vez el sabor amargo del rechazo? ¿Has sufrido la discriminación racial, social, moral? De ser así, te invito a buscar a aquel Jesús que sigue esperando por ti. Ya Cristo rompió todas las barreras que los separaban, hoy tú y yo tenemos acceso total y directo al Padre a través de Jesús.

¡Qué grandiosa noticia! Hoy al igual que ayer podemos tocar el corazón amoroso de Jesús y experimentar su gran poder transformando nuestras vidas.

A más de dos mil años de esta historia todavía tenemos en nuestras sociedades personas apartadas y rechazadas. Todos, si miramos con detenimiento, encontraremos a nuestro alrededor esta realidad. En la oficina, en la escuela, universidad, en nuestras familias e incluso en nuestras iglesias.

Solo debes observar a aquel enfermo, aquel pobre, aquel maloliente, aquel poco intelectual, aquel que no encaja en el grupo.

Cristo vino a romper y destruir toda barrera de exclusión, vino para enseñarnos la grandeza del amor. Hoy aún hay toques de poder. ¿Quién a nuestro alrededor pudiera necesitar ese toque de transformación? Los que hemos sido lavados por la sangre de Jesús, estamos comisionados para impartir amor y traer el Reino de Dios a esta tierra. Demostrando que en Su Reino no hay diferencias entre los seres humanos.

Los rechazados sociales necesitan hoy tu toque humano y sensible, necesitan transformación.

²⁸ Ya no hay judío ni griego; no hay esclavo ni libre; no hay varón ni mujer; porque todos vosotros sois uno en Cristo Jesús. **Gálatas 3:28**

No podemos obviar una gran realidad, y es que mientras estemos en este mundo como hijos de Dios tendremos que padecer y sufrir las consecuencias del rechazo. Seremos apartados e incluso atacados.

¹¹ Bienaventurados sois cuando por mi causa os vituperen y os persigan, y digan toda clase de mal contra vosotros, mintiendo.
¹² Gozaos y alegraos, porque vuestro galardón es grande en los cielos; porque así persiguieron a los profetas que fueron antes de vosotros. **Mateo 5:11-12**

Una verdad en positivo también es una verdad a lo inverso, si somos bienaventurados cuando el mundo nos condene por andar como hijos de Dios ¿Qué sucederá a un hijo de Dios que no sienta el rechazo social al caminar en este mundo?

¡Oh almas adúlteras! ¿No sabéis que la amistad del mundo es enemistad contra Dios? Cualquiera, pues, que quiera ser amigo del mundo, se constituye enemigo de Dios. **Santiago 4:4**

Solo quien se ha constituido amigo y siervo de Dios sabrá el precio de su decisión. Inevitablemente tendrá que pagar con el desprecio y el rechazo aun de aquellos a quienes ama. Nuestro gozo se completa al saber que hoy podemos tocar el corazón de

Jesús, podemos alcanzar su poder y su fortaleza con un toque de fe. Todavía hoy su manto destila poder a nuestro favor, aún hoy nuestra fe puede mover su corazón.

Y dondequiera que El entraba en aldeas, ciudades o campos, ponían a los enfermos en las plazas, y le rogaban que les permitiera tocar siquiera el borde de su manto; y todos los que lo tocaban quedaban curados. Marcos 6:56

Nuestro Señor es el mismo de ayer y de hace 20 siglos atrás. El que sanó y transformó ayer puede hacerlo hoy también. El milagro de sanación y salvación sobre aquella mujer enferma no pasó inadvertido. Muchos observaron aquel evento, algunos que no estuvieron presentes fueron alcanzados por los testimonios y por supuesto, para quienes conocían la vida de aquella mujer fue evidente su cambio.

La voz y el testimonio se dispersaron tanto que todos los enfermos anhelaban el mimo milagro, todos buscaban tocar el borde de Su manto, todos deseaban transformación en sus vidas. ¿Y sabes qué? Todos lo alcanzaron. Aferrados a su fe tocaban Su manto y recibían sanidad, una y otra vez vidas eran restauradas por el toque de fe.

¡Cuánto me alienta saber que el Dios que transformó mi vida es el mismo que puede transformar la tuya de manera poderosa!

Me reconforta la poderosa verdad de que aquel Dios que liberó a su pueblo de la esclavitud de Egipto, es el mismo que hoy nos puede liberar de cualquier yugo espiritual o terrenal.

Si como yo has experimentado las bienaventuranzas que emanan en la vida de quien ha tocado el borde de Su manto con fe, sabrás que es imposible esconderlo. Nuestra transformación ha sido notable para quienes nos conocieron desde antes.

Al igual que la mujer enferma en las calles de Nazaret, utilicemos nuestro testimonio de vida para llevar esperanza a otros en las mismas condiciones. Hoy, tal como ayer, Jesús se acerca a nosotros, hoy como ayer su manto puede ser tocado y vidas pueden ser restauradas.

Respondiendo Jesús, dijo: ¡Deteneos! Basta de esto. Y tocando la oreja {al siervo,} lo sanó. Lucas 22:51

Cuando tocamos a Jesús, a través de la fe, recibimos grandes bendiciones. Pero lo mejor ocurre cuando es Jesús quien nos toca a nosotros a pesar de lo que somos.

Malco fue un soldado romano al servicio del sumo sacerdote, era enemigo de Jesús, fue enviado a apresarlo. Uno de los discípulos de Jesús, Simón Pedro, en un impulso por proteger a su maestro le cortó una oreja con su espada. Aquí entra la mejor parte de la historia, Jesús reprendió a Pedro por su acción inmisericorde y tocando la oreja de Malco la restauró.

Si fuéramos a dramatizar esta historia, ¿Cuál personaje serías tú?

En mi caso, la mayoría de las ocasiones he sido Pedro. Dañando y lastimando a quien se muestre como mi enemigo. Ojalá nunca hayas asumido ese personaje, y de haberlo hecho, escuches al igual que yo la represión enfática de Jesús.

En una ocasión fui Malco, enemiga de Jesús. Hasta que Él mostrando una misericordia sublime e incomprensible tocó mi vida, me transformó y no bastándole puso en jaque a quienes me lastimaron.

Amigo, debes saber que si estás viviendo tu vida de espalda a las enseñanzas de Jesús te has constituido de forma franca y abierta como un enemigo de Dios y de su Reino, eres un Malco. La buena noticia es que al igual que Malco, Jesús quiere tocarte y restaurarte. Es Jesús quien te busca, es Él quien toca a tu puerta en este mismo momento.

Mas Dios muestra su amor para con nosotros, en que, siendo aún pecadores, Cristo murió por nosotros. Romanos 5:8

Dentro de los diferentes personajes de esta historia, precisamente el de Jesús no es el que escojo con mayor frecuencia. Amar a mis enemigos, sanar sus heridas, tocarlos con misericordia. Sin embargo, Jesús nos enseñó que nuestros enemigos también necesitan un toque de compasión. No se trata de fingir amor, es cuestión de obediencia al Padre y de imitar al maestro.

Si el toque de Jesús ha transformado nuestras vidas, estamos llamados a tocar y ser canal de bendición para otros. La humildad y el reconocimiento de nuestras faltas nos permitirán un acercamiento íntimo con nuestro Dios y a través de ese acercamiento purificarnos y perfeccionarnos en la tarea que se nos ha encomendado.

CAPÍTULO III

HAY SABOR EN TU VIDA

El sentido del gusto que experimentamos a través del paladar nos transmite múltiples placeres.

Un chocolate caliente y cremoso, un helado ¿Quién no ha rogado para que no se acabe aquel pastel en el plato? Los sabores nos brindan un disfrute especial de la vida. Lo mismo es cierto en el plano espiritual. La Biblia nos llama a ser dulces en ocasiones y salados en otras, también menciona vidas amargas, así como de vidas insípidas.

¿Cuál es el sabor de tu vida?

Si fueras a representar tu vida, tu actitud, tu personalidad y temperamento con un sabor, ¿Cuál sería?

Si le diéramos la oportunidad de opinión a tu pareja, hijos, amigos, subordinados, superiores ¿Cuál sabor ellos elegirían para caracterizarte?

Me gustan los exámenes de comparación porque facilitan los niveles de autoanálisis. No hay espacio para las subjetividades o percepciones. Solo cabe una palabra que nos defina, no un conjunto de argumentos ni excusas.

¿Dulce, amargo, salado o insípido?

Panal de miel son las palabras agradables, dulces al alma y salud para los huesos. **Proverbios 16:24**

Es altamente comprendido que nuestras palabras son un reflejo de lo que hay en nuestro corazón. La Biblia es clara en ese aspecto, (...) Porque de la abundancia del corazón habla la boca. Mateo 12:34. Es por esto que no se trata de cuidar nuestras palabras como tantas veces hemos escuchado, sino de cuidar nuestro corazón. Es allí, en nuestro corazón, donde se albergan los sentimientos que dan paso a pensamientos que más tarde se convierten en palabras. Y muchas veces más que meras y simples palabras pasan a ser parte de nuestras conversaciones habituales.

Es muy fácil autoevaluarnos en este sentido y saber qué hay en nuestro corazón. Solo es cuestión de escucharnos hablar unas cuantas horas, y no solo a nosotros sino también a quienes nos rodean.

La forma de hablar de quienes comparten diariamente a nuestro lado es un reflejo claro de lo que estamos impregnando en ellos, o peor aún de lo que no estamos impregnando. Es imposible que haya moscas alrededor de una fuente amarga, así mismo quienes en su corazón llevan amargura no toleraran estar junto a fuentes de dulzura y amor.

¿Qué hay en el corazón de tus amigos, colegas, hijos, padres, cónyuge? Quizás hasta hoy tu actitud fue desvincularte de sus sentimientos y palabras porque eran ajenas a ti, pero te sugiero evaluar sus sentimientos y palabras con detenimiento ya que podría ser un reflejo directo de lo que hay en tu propio corazón.

¡Cuán agradable es un corazón que destila miel! Sus palabras son dulces al alma, salud para los huesos, siempre agradables.

Cuya boca está llena de maledicencia y de amargura. Romanos 3:14

Cuando nuestra vida tiene un sabor dulce se verá claramente reflejado en nuestras palabras, lejos de griterías, contiendas, enojos, lamentos, maldiciones.

Quítense de vosotros toda amargura, enojo, ira, gritería y maledicencia, y toda malicia. Efesios 4:31

Permíteme preguntarte nuevamente. ¿Cuál es el sabor de tu vida?

La mayoría de los hijos de Dios deseamos cumplir nuestro llamado, el propósito para el que fuimos creados. Anhelamos una misión para cumplir. ¿Qué tal iniciar con el hermoso y general llamado a ser dulces? Impartir amor es un propósito común de Dios para con sus hijos.

¡Cuán dulces son a mi paladar tus palabras! Más que la miel a mi boca. Salmos 119:103

Si tu deseo, así como el mío, es poseer un corazón dulce que imparta bondad en todo tiempo, que produzca palabras de sanidad y bendición constantemente, la clave está en la fuente. Hay una fuente de amor inagotable, una fuente de palabras que reflejan un corazón cargado de compasión y ternura. Esa fuente es la Biblia, la cual nos muestra el mismo corazón de Dios. Un Dios lento para airarse e inmenso en misericordia y bondad. Vayamos confiadamente a la fuente, no se agota, está abierta y perdurará por los siglos.

²² E hizo Moisés que partiese Israel del Mar Rojo, y salieron al desierto de Shur; y anduvieron tres días por el desierto sin hallar agua. ²³ Y llegaron a Mara, y no pudieron beber las aguas de Mara, porque eran amargas; por eso le pusieron el nombre de Mara. ²⁴ Entonces el pueblo murmuró contra Moisés, y dijo: ¿Qué hemos de beber? ²⁵ Y Moisés clamó a Jehová, y Jehová le mostró un árbol; y lo echó en las aguas, y las aguas se endulzaron. Allí les dio estatutos y ordenanzas, y allí los probó; **Éxodo 15:22-25**

El pueblo de Israel llevaba días caminando en el desierto, sin agua. Tenían sed, niños, mujeres, envejecientes, hombres, sus animales, todos perecían y sufrían por falta de agua. De momento llegan a un oasis con un hermoso manantial en medio de aquel desierto. El único detalle era que las aguas de aquel manantial eran amargas, se encontraba muy cerca del mar rojo donde no hay vida por el exceso de sal. Sin embargo, ese manantial amargo era la provisión de Dios para su pueblo.

¿Cuál es tu agua amarga? La encontrarás en esa dificultad que en este momento está formando tu carácter y llevándote a un nivel superior en Cristo. Tu manantial amargo es ese llamado o propósito que al parecer es imposible de lograr, de alcanzar, pero que Dios lo hará digerible para ti.

Dios había provisto esas aguas para su pueblo, ellos beberían de aquel manantial. El gran creador y sustentador así lo había determinado. Parecía imposible, pero el Señor hace camino en medio de la nada, transforma en dulzura lo amargo.

Moisés clamó a Dios en medio de la dificultad, y recibió instrucción por parte de Dios. Arrancaron un árbol, lo echaron en las aguas amargas y estas fueron dulces. ¡Dulces!

Las aguas de Mara representan este mundo, pero aquel árbol nos recuerda a Dios. Esas aguas amargas debían saber que el pueblo escogido y amado de Dios estaba allí, así que era momento de pasar de muerte a vida, era momento de convertir su amargura en dulzura, porque Dios estaba en medio de su pueblo.

Quizás tu vida es como el manantial de Mara, amarga, afligida, sin evidencias de frutos. Pero hoy Dios desea ser como ese árbol plantado firmemente en tu corazón para transformar tu amargura en dulces aguas para bendición de otros. Dios anhela convertirte en ese oasis donde el afligido encuentre consuelo, donde el sediento halle su provisión. Tú puedes ser una extensión del Reino de Dios en la tierra, acepta Su invitación.

Si ya eres hijo de Dios y sientes que las aguas amargas de este mundo te rodean llenándote de desesperanza, recuerda que en tu vida hay sabor. Tu Padre te selló con el Espíritu Santo, confía plenamente que Él endulzará el agua que ha determinado para ti. Recuerda, solo la que Él ha determinado para ti. No se trata de tus deseos ni expectativas, sino de la provisión de Dios para tu vida de acuerdo a Su voluntad.

¿Amargura en el hogar? ¿Qué sucede cuando el ambiente hostil y amargo es precisamente el que debería ser nuestro oasis de paz y gozo? Amo leer la Biblia porque es honesta y veraz en todas sus páginas, allí podemos ver la historia de un matrimonio formado por Dios, una pareja que amaba al Señor sufrió gran amargura debido al comportamiento de su hijo mayor.

[12] Y sembró Isaac en aquella tierra, y cosechó aquel año ciento por uno; y le bendijo Jehová.

[13] El varón se enriqueció, y fue prosperado, y se engrandeció hasta hacerse muy poderoso.

[14] Y tuvo hato de ovejas, y hato de vacas, y mucha labranza; y los filisteos le tuvieron envidia.

[15] Y todos los pozos que habían abierto los criados de Abraham su padre en sus días, los filisteos los habían cegado y llenado de tierra.

[16] Entonces dijo Abimelec a Isaac: Apártate de nosotros, porque mucho más poderoso que nosotros te has hecho.

[17] E Isaac se fue de allí, y acampó en el valle de Gerar, y habitó allí.

[18] Y volvió a abrir Isaac los pozos de agua que habían abierto en los días de Abraham su padre, y que los filisteos habían cegado después de la muerte de Abraham; y los llamó por los nombres que su padre los había llamado.

[19] Pero cuando los siervos de Isaac cavaron en el valle, y hallaron allí un pozo de aguas vivas,

[20] los pastores de Gerar riñeron con los pastores de Isaac, diciendo: El agua es nuestra. Por eso llamó el nombre del pozo Esek, porque habían altercado con él.

[21] Y abrieron otro pozo, y también riñeron sobre él; y llamó su nombre Sitna.

²² Y se apartó de allí, y abrió otro pozo, y no riñeron sobre él; y llamó su nombre Rehobot, y dijo: Porque ahora Jehová nos ha prosperado, y fructificaremos en la tierra.
²³ Y de allí subió a Beerseba.
²⁴ Y se le apareció Jehová aquella noche, y le dijo: Yo soy el Dios de Abraham tu padre; no temas, porque yo estoy contigo, y te bendeciré, y multiplicaré tu descendencia por amor de Abraham mi siervo.
²⁵ Y edificó allí un altar, e invocó el nombre de Jehová, y plantó allí su tienda; y abrieron allí los siervos de Isaac un pozo.
²⁶ Y Abimelec vino a él desde Gerar, y Ahuzat, amigo suyo, y Ficol, capitán de su ejército.
²⁷ Y les dijo Isaac: ¿Por qué venís a mí, pues que me habéis aborrecido, y me echasteis de entre vosotros?
²⁸ Y ellos respondieron: Hemos visto que Jehová está contigo; y dijimos: Haya ahora juramento entre nosotros, entre tú y nosotros, y haremos pacto contigo,
²⁹ que no nos hagas mal, como nosotros no te hemos tocado, y como solamente te hemos hecho bien, y te enviamos en paz; tú eres ahora bendito de Jehová.
³⁰ Entonces él les hizo banquete, y comieron y bebieron.
³¹ Y se levantaron de madrugada, y juraron el uno al otro; e Isaac los despidió, y ellos se despidieron de él en paz.
³² En aquel día sucedió que vinieron los criados de Isaac, y le dieron nuevas acerca del pozo que habían abierto, y le dijeron: Hemos hallado agua.
³³ Y lo llamó Seba; por esta causa el nombre de aquella ciudad es Beerseba hasta este día.
³⁴ Y cuando Esaú era de cuarenta años, tomó por mujer a Judit hija de Beeri heteo, y a Basemat hija de Elón heteo;
³⁵ y fueron amargura de espíritu para Isaac y para Rebeca. **Génesis 26:12-35**

Leer el capítulo 26 de Génesis nos deja una sensación extraña, es como leer una hermosa novela de grandes bendiciones y en lugar de un final feliz... sus últimas 10 palabras nos llenan de amargura y tristeza.

La Biblia no miente, muestra las historias tal y como fueron. ¿Por qué? Porque nos ayudan a mirarnos a nosotros mismos a través de ellas. Es como un espejo de nuestra propia vida.

La vida de un hijo de Dios puede estar cargada de grandes bendiciones y dulzuras, así como de momentos de gran amargura. Dios hizo prosperar el trabajo de Isaac, sus tierras, ganado, criados. Hizo de Isaac un instrumento de prosperidad, donde él habitaba había bendición, surgían pozos de agua limpia para el disfrute de los lugareños. Pero en su hogar las cosas no eran tan agradables. Su hijo Esaú se había apartado de Dios. Sus parejas, amigos, relaciones lo habían descarriado del buen camino y esto hacía sufrir a sus padres Isaac y Rebeca.

¿Te suena familiar? De repente observas como todo en tu vida prospera menos en un aspecto específico. Posiblemente tus hijos, cónyuge, padres o incluso tu salud, finanzas, relaciones interpersonales traen amargura a tu corazón. Es aquí donde entra la etapa de entrega al Señor, lamentablemente la historia con Esaú no llegó a un final feliz, la amargura que Esaú provocó a sus padres permaneció por generaciones. Sus descendientes, los edonitas, fueron férreos enemigos de sus primos los israelitas, el pueblo de Dios. El mismo pueblo que inició con Jacob, hermano de Esaú.

Estoy convencida que Isaac y Rebeca amaron profundamente a Esaú, la Biblia relata que era el hijo preferido de Isaac. Siendo así podemos deducir que Isaac se preocupó con mayor interés por enseñarlo, aconsejarlo y guiarlo. Pero no se trataba del esfuerzo que Isaac y Rebeca hicieron como padres, el propósito de Dios ya estaba fijado.

Así que Isaac y Rebeca en este momento de amargura y dolor debían asumir la etapa de entrega. Con la satisfacción del deber cumplido, la entrega al Señor trae liberación.

¿Qué es lo que debes tú entregar al Señor? Si durante años has luchado con esa carga, si llevas en tu espalda el peso del dolor y la culpa, entra hoy a la etapa de entrega. Hay cargas que no te corresponden, situaciones que jamás podrás cambiar porque trascienden tu control.

Hay planes y propósitos que solo Él conoce, propósitos contra los cuales no puedes luchar, y solo debes entregarte al Señor confiadamente y Él hará. Solo asegúrate de haber hecho lo que te correspondía, de que el trabajo que realizaste sea reconociblemente agradable a Dios. Y luego, entrega.

Dios no quiere que el sabor de tu vida se llene de amargura por cargas y cruces que no te pertenecen. Isaac no sabía cómo la historia de su hijo trascendería las generaciones, estoy convencida que de saberlo no hubiera existido amargura en su corazón.

Isaac fue hijo del padre de la fe, aprendió con su padre Abraham sobre la fe y confianza en Dios, si alguien sabía lo que era entregar y rendirse ante Dios ese era Isaac. Te invito a tomar unos minutos en este momento para pedirle a tu Señor que tome esa carga amarga en tu vida, esa carga que no puedes controlar, esa carga que has acomodado sobre tu espalda. Confiésale que has hecho lo humanamente posible, que has cumplido tu deber y que hoy la pones a Sus pies para que se haga Su voluntad.

[11] También Jehová habló a Moisés, diciendo:
[12] Habla a los hijos de Israel y diles: Si la mujer de alguno se descarriare, y le fuere infiel,
[13] y alguno cohabitare con ella, y su marido no lo hubiese visto por haberse ella amancillado ocultamente, ni hubiere testigo contra ella, ni ella hubiere sido sorprendida en el acto;
[14] si viniere sobre él espíritu de celos, y tuviere celos de su mujer, habiéndose ella amancillado; o viniere sobre él espíritu de celos, y tuviere celos de su mujer, no habiéndose ella amancillado;

¹⁵ entonces el marido traerá su mujer al sacerdote, y con ella traerá su ofrenda, la décima parte de un efa de harina de cebada; no echará sobre ella aceite, ni pondrá sobre ella incienso, porque es ofrenda de celos, ofrenda recordativa, que trae a la memoria el pecado.
¹⁶ Y el sacerdote hará que ella se acerque y se ponga delante de Jehová.
¹⁷ Luego tomará el sacerdote del agua santa en un vaso de barro; tomará también el sacerdote del polvo que hubiere en el suelo del tabernáculo, y lo echará en el agua.
¹⁸ Y hará el sacerdote estar en pie a la mujer delante de Jehová, y descubrirá la cabeza de la mujer, y pondrá sobre sus manos la ofrenda recordativa, que es la ofrenda de celos; y el sacerdote tendrá en la mano las aguas amargas que acarrean maldición.
¹⁹ Y el sacerdote la conjurará y le dirá: Si ninguno ha dormido contigo, y si no te has apartado de tu marido a inmundicia, libre seas de estas aguas amargas que traen maldición;
²⁰ más si te has descarriado de tu marido y te has amancillado, y ha cohabitado contigo alguno fuera de tu marido
²¹ (el sacerdote conjurará a la mujer con juramento de maldición, y dirá a la mujer): Jehová te haga maldición y execración en medio de tu pueblo, haciendo Jehová que tu muslo caiga y que tu vientre se hinche;
²² y estas aguas que dan maldición entren en tus entrañas, y hagan hinchar tu vientre y caer tu muslo. Y la mujer dirá: Amén, amén.
²³ El sacerdote escribirá estas maldiciones en un libro, y las borrará con las aguas amargas;
²⁴ y dará a beber a la mujer las aguas amargas que traen maldición; y las aguas que obran maldición entrarán en ella para amargar.
²⁵ Después el sacerdote tomará de la mano de la mujer la ofrenda de los celos, y la mecerá delante de Jehová, y la ofrecerá delante del altar.
²⁶ Y tomará el sacerdote un puñado de la ofrenda en memoria de ella, y lo quemará sobre el altar, y después dará a beber las aguas a la mujer.
²⁷ Le dará, pues, a beber las aguas; y si fuere inmunda y hubiere sido infiel a su marido, las aguas que obran maldición entrarán en ella para

amargar, y su vientre se hinchará y caerá su muslo; y la mujer será maldición en medio de su pueblo.
²⁸ Mas si la mujer no fuere inmunda, sino que estuviere limpia, ella será libre, y será fecunda. **Números 5:11-28**

En este pasaje la Biblia nos habla sobre la ley de los celos instaurada por Dios para el recién constituido pueblo de Israel. Estas normas abarcaban todas las relaciones interpersonales, sociales y religiosas que le permitirían convivir entre ellos y con Dios. Eran leyes inquebrantables porque fueron dadas por su gran y poderoso Señor.

Esta ley en particular, la ley de los celos permitía a un hombre que sospechara infidelidad por parte de su esposa confirmar dichas sospechas y enjuiciarla en caso de haber pecado. La mujer era llevada ante el sumo sacerdote quien le daba a tomar del agua santa, si el pecado era real esa agua santa se convertía en amarga dentro de su vientre y caía maldición eterna sobre ella. Para siempre sería conocida en el pueblo como la infiel pecadora, su vida sería maldita.

Por otro lado, aquella misma agua santa caería en su vientre y si estuviere libre del pecado de adulterio y fornicación sería bendita, libre para siempre y fecunda.

¿El agua santa la enjuiciaba? ¿La condenaba? ¿La maldecía? No. Aquí no se trataba del agua santa, se trataba de su pecado. Quien enjuiciaba, condenaba y maldecía la vida de aquella mujer era el pecado cometido. De la misma forma como su conciencia limpia ante Dios la liberaría y bendeciría.

Lo mismo no es menos cierto con nuestra vida, a veces culpamos al Dios Santo porque vivimos llenos de amargura y dolor, pero ¿Es la Santidad de nuestro Dios la que nos condena a la tristeza y al dolor? No. Jamás. El dolor no es lo que Dios ha preparado para Sus hijos. Es nuestro pecado y nuestra consciencia impura la que nos lleva a vivir una vida de aflicción y maldición.

¹² Por lo cual, levantad las manos caídas y las rodillas paralizadas; ¹³ y haced sendas derechas para vuestros pies, para que lo cojo no se salga del camino, sino que sea sanado. ¹⁴ Seguid la paz con todos, y la santidad, sin la cual nadie verá al Señor. ¹⁵ Mirad bien, no sea que alguno deje de alcanzar la gracia de Dios; que, brotando alguna raíz de amargura, os estorbe, y por ella muchos sean contaminados; ¹⁶ no sea que haya algún fornicario, o profano, como Esaú, que por una sola comida vendió su primogenitura. ¹⁷ Porque ya sabéis que aun después, deseando heredar la bendición, fue desechado, y no hubo oportunidad para el arrepentimiento, aunque la procuró con lágrimas. **Hebreos 12:12-17**

Sugiero este texto Bíblico que acaba de leer como guía para alejar la amargura de nuestras vidas, podemos sintetizarlo de la siguiente manera:

1- Cobra ánimo en Cristo. *¹²Por lo cual, levantad las manos caídas y las rodillas paralizadas;*

2- Busca el camino recto y correcto siempre. *¹³y haced sendas derechas para vuestros pies.*

3- Vive en armonía con los que te rodean. *¹⁴Seguid la paz con todos,*

4- Persigue la santidad. *y la santidad, sin la cual nadie verá al Señor.*

Luego de dar estos 4 consejos prácticos, nos dice:

¹⁵ Mirad bien, no sea que alguno deje de alcanzar la gracia de Dios; que, brotando alguna raíz de amargura, os estorbe, y por ella muchos sean contaminados;

Es decir, asegúrate de cumplir las indicaciones anteriores para evitar que tu vida no alcance el favor y gracia de Dios, y que como consecuencia te llenes de amargura contaminando a los que te rodean.

El sabor de nuestra vida impacta la vida de otros. Tu compromiso de mejorar no solo repercutirá en ti sino también en los tuyos.

He aquí, amargura amarga para mí en la paz; más a ti te alegró librar mi vida del hoyo de corrupción, porque echaste tras tus espaldas todos mis pecados. **Isaías 38:17**

Ezequías fue uno de los pocos reyes en la Biblia que amó profundamente a Dios. Fue un hombre temeroso de la ley, íntegro y lleno de bondad. Pero un día, mientras todo estaba lleno de paz en su vida personal, en sus ocupaciones y en su relación con Dios, todo cambió. Ezequías fue visitado por una cruel enfermedad que estaba a punto de quitarle la vida. Amargura amarga le llegó en medio de la paz.

Así como el rey Ezequías, todos nosotros estamos expuestos a situaciones realmente difíciles, que podrían trastornar nuestra paz. Una llamada puede informarnos la noticia que siempre hemos temido, unos estudios médicos de rutina pueden impactar nuestra vida y llenarla de gran tristeza.

La vida en Cristo no nos hace excepto de situaciones crudas y dolorosas. Jesús nos lo advirtió antes de partir al cielo a preparar morada, nos dijo (y parafraseo): en este mundo tendrán aflicciones, pero confíen porque, así como yo vencí ustedes también vencerán. Juan 16:33

Dios tuvo compasión de Ezequías y le concedió 15 años más, los cuales seguro habrían de pasar muy rápido. De la misma manera, Dios tuvo compasión de nosotros no para darnos unos cuantos años más, sino para enviar Su único hijo a morir por nosotros para que tuviésemos vida para siempre.

Si lo que hoy te quita la paz y te llena de amargura es la falta de salud o el temor a la muerte, te quiero decir que, aunque es completamente justificable el temor, porque Dios nos creó con un corazón cargado de vida abundante y eterna. Por eso no nos adaptamos ni aceptamos perder la vida. Pero, debes saber que Dios está en control, siempre lo ha estado, antes de nuestro nacimiento ya Él tenía nuestros días contados.

Puedes encontrar paz en los brazos de Cristo, quien te promete una vida plena y gozosa más allá de esta vida.

Y el Espíritu me levantó, y me tomó; y fui en amargura, en la indignación de mi espíritu, pero la mano del SEÑOR era fuerte sobre mí. **Ezequiel 3:14**

Un adorador será impactado muchas veces por situaciones no agradables, incluso quizás por tristezas muy profundas. Sin embargo, esos momentos de sufrimiento no determinaran su actitud. Para el adorador verdadero son solo circunstancias pasajeras que no escapan del control de Dios. El sabor de su vida no cambiará, su gozo no fluctuará, su fe no se quebrantará.

¿Acaso una fuente por la misma abertura echa {agua} dulce y amarga? **Santiago 3:11**

La respuesta que doy a la pregunta que nos hace el apóstol Santiago es un rotundo ¡NO! De un corazón no puede brotar maldición y bendición, paz y guerra, amor y rencor. No, es imposible. No existen sabores de vida mixtos. Es tiempo de definir nuestro sabor en la vida; porque, aunque no lo notemos, ya nuestra vida está expresando su propio sabor. Es tiempo de reconocernos a nosotros mismos, escarbar dentro de nuestras conciencias, invocar el Santo Espíritu del Señor y solicitarle discernimiento. Es tiempo de no automentirnos con respecto a nuestra verdadera actitud. De una misma fuente jamás saldrá agua dulce y agua amarga.

Entonces los hombres de la ciudad dijeron a Eliseo: He aquí, la ubicación de esta ciudad es buena, como mi señor ve, pero el agua es mala y la tierra estéril. Y él dijo: Traedme una vasija nueva, y poned sal en ella. Y se {la} trajeron. Y él salió al manantial de las aguas, echó sal en él, y dijo: Así dice el SEÑOR: ``He purificado estas aguas; de allí no saldrá más muerte ni esterilidad. Y las aguas han quedado purificadas hasta hoy, conforme a la palabra que habló Eliseo. **2 Reyes 2:19-22**

El profeta Eliseo acababa de despedir a su maestro Elías, lo vio irse al cielo en un torbellino. Estaba solo. Buscaba un lugar que le brindara seguridad, paz y reposo, es lo que todos buscamos en momentos de aflicción y soledad. Así que decidió habitar en Jericó, pero lo primero que recibe son noticias desesperanzadoras. Los hombres de la ciudad se le acercaron no para consolarlo o brindarle apoyo, no.

Las palabras de estos hombres parecieran estar llenas de buenas intenciones, como si intentaran advertir a Eliseo de su mala decisión al asentarse en aquella ciudad, un gesto aparentemente solidario y bondadoso. Ellos le advierten: "el agua es mala y la tierra estéril". El agua símbolo de bienestar y la tierra símbolo de vida ¿Qué podemos esperar de un lugar sin bienestar y sin vida? La intención clara de estos hombres era que Eliseo reconsiderara su decisión y se marchara.

¿Cómo aquellos hombres permanecieron junto a sus familias en aquella tierra sin bienestar y sin vida? Eliseo no fue intimidado por las malas noticias, según aquellos hombres el lugar era hermoso, pero no había bienestar ni vida.

¿Cuántos de nosotros hemos sido sorprendidos con noticias como estas? Quizás al llegar a un nuevo vecindario, una nueva iglesia, un nuevo lugar de trabajo, un MATRIMONIO. Si Dios lo había llevado hasta allí Eliseo no huiría, cumpliría su propósito en aquel lugar.

Contrario a desalentarse Eliseo vio una oportunidad. Él podía bendecir aquel lugar, porque una doble porción del Espíritu de Dios estaba sobre él. No era momento de escapar, era momento de poner su sabor en aquellas aguas y aquella tierra. ¿Cuál es el lugar que pudieras sanar y poner de tu sabor para bendición? Dios te ha puesto allí, quizás por un poco de tiempo como tu lugar de trabajo, no estarás allí para siempre. O posiblemente te ha ubicado en un lugar para toda la vida, como tu matrimonio o tu hogar.

Ya sea por poco tiempo o para toda la vida no es momento de ver lo estéril y lo seco, es momento de ver cómo Dios puede usarte para bendición. Pero solo podrás ser usado para bendecir cuando tu vida tenga un sabor agradable ante Dios.

¿Qué hizo Eliseo? ¿Cómo pudo transformar el mal sabor de las aguas y dar vida a lo estéril? Con sal.

Y él dijo: Traedme una vasija nueva, y poned sal en ella. Y se {la} trajeron. Y él salió al manantial de las aguas, echó sal en él, y dijo: Así dice el SEÑOR: ``He purificado estas aguas; de allí no saldrá más muerte ni esterilidad. Y las aguas han quedado purificadas hasta hoy, conforme a la palabra que habló Eliseo. **2 Reyes 2:20-22**

Eliseo utilizó una vasija nueva, que no estuviera contaminada con otros sabores que pudieran afectar el sabor de la sal.

Al igual que aquella vasija nuestra vida debe ser renovada, nuestros pensamientos y prejuicios deben ser pasados por el filtro de la voluntad del Señor. Solo así nuestras vidas estarán libres de contaminación y podrán ser recipientes de bendición y pureza.

Eliseo utilizó sal. En el oriente la sal simboliza pureza, vida, bendición. Los niños al nacer eran frotados con sal para quitarles todas las impurezas. La comida de los invitados era sazonada con sal como símbolo de amistad, de lealtad. La sal representaba transformación.

Así que Eliseo tomó una vasija nueva (pura) y puso sal en ella (pureza) y la echó en el manantial de aguas. Luego proclamó la obra que el Señor había hecho, no lo que haría en un futuro, sino lo que ya estaba hecho: "He purificado estas aguas; de allí no saldrá más muerte ni esterilidad".

Si te conviertes en una vasija purificada y llena del sabor del Señor, podrás testificar y proclamar igual que Eliseo: "Dios ya purificó mi hogar, y de allí no saldrán más conflictos ni maldiciones", "Dios ya purificó mi lugar de trabajo, de allí no saldrán más chismes ni enemistades". La fe es un elemento esencial en este proceso de transformación.

Y las aguas han quedado purificadas hasta hoy, conforme a la palabra que habló Eliseo. **2 Reyes 2:22**

Eso es lo mejor de las obras que el Señor puede hacer a través de sus siervos, que tienen trascendencia. No quedan limitadas a un momento específico. La obra de Dios tiene impacto en las futuras generaciones. Un día Eliseo habría muerto y la gente de aquella ciudad no lo recordaría, pero las aguas quedarían purificadas y serían de bendición generación tras generación.

El hogar que construyes hoy tendrá un impacto en el futuro, las decisiones que asumes hoy trascenderán más allá de tu existencia, el sabor de tu vida hoy impregnará de sabor a otras vidas por las generaciones.

Hace aproximadamente un año tuve una conversación con mi abuela materna, de 81 años. Una conversación diferente a todas nuestras conversaciones habituales, hablamos del pasado. Ella me contó sobre su abuela, mi tátara abuela. Quedé impresionada con sus historias. Me narró de la relación cercana que tenían, de los consejos que recibió y de lo mucho que le gustaba compartir con ella. Tenían el mismo nombre. Lo que llamó más mi atención fue saber que mi tátara abuela fue una fiel cristiana, ella buscó al Señor y lo mostró a su hija quien más tarde lo mostró a mi abuela, quien a su vez lo mostró a mi madre, de quien lo aprendí yo y hoy lo enseño a mi pequeña bebé. Me gustaría por un instante poder conocer a mi tátara abuela, mirarla a la cara y decirle: "gracias por tu decisión de amar y servir a Dios, décadas más tarde tu generación aún cosecha los frutos de aquella sabía decisión".

Vosotros sois la sal de la tierra; pero si la sal se ha vuelto insípida, ¿con qué se hará salada {otra vez?} Ya para nada sirve, sino para ser echada fuera y pisoteada por los hombres. **Mateo 5:13**

Un día tú y yo no estaremos, pero te aseguro que el sabor de tu vida hoy impactará tus generaciones futuras para bien o para mal. Espero que al compartir conmigo estas enseñanzas ya estés listo para responder la pregunta inicial y para transformarla en bien si es necesario.

¿Cuál es el sabor de tu vida?

CAPÍTULO IV

HAY AROMAS QUE INSPIRAN

En lo personal considero al olfato el sentido de los recuerdos, de las añoranzas. Un olor en particular puede llevarme a recordar una persona o un momento en específico. El olor que resulta cuando la lluvia moja la tierra, petricor, me lleva a lindos momentos vividos. El aroma del cedro me recuerda mi niñez, el olor a ciertas comidas pueden abrirme el apetito o disgustarme por completo.

¿Y a ti, cuáles olores te traen recuerdos? ¿Cuáles olores te agradan o desagradan?

Esta es una buena ocasión para agradecer a Dios por todos esos olores que han formado parte de nuestras vidas, llenándonos de bonitos momentos y aún por aquellos que no nos gustan en lo absoluto.

¡Podemos oler! ¡Alabado sea el Señor!

Dios, quien nos hizo a Su imagen y semejanza, también tiene aromas que disfruta y le alegran el corazón. Así como otros olores que para nada les son agradables.

Un verdadero adorador se interesa por conocer aquellas cosas que ama Su Señor y dispondrá todo su esfuerzo para complacerlo. Si como una esposa atenta y amorosa me preocupo por agradar a mi esposo, cuánto más estaría dispuesta a hacer para que el corazón de mi Dios rebose de felicidad.

[1]Si su ofrenda es un sacrificio de las ofrendas de paz, si la ofrece del ganado, sea macho o hembra, sin defecto la ofrecerá delante del SEÑOR. (...) [5] Y los hijos de Aarón lo quemarán en el altar, sobre el

holocausto que está sobre la leña en el fuego; es una ofrenda encendida de aroma agradable para el SEÑOR. **Levítico 3: 1,5**

El Señor estaba dispuesto a mantener una relación cercana con su pueblo, el cual mostraba su amor y temor a Dios a través de los sacrificios. Estos sacrificios debían proceder de un corazón desprendido, puro y necesitado del Señor. Al Padre le gustaba el olor que desprendía aquella ofrenda, siempre y cuando fuera ofrecida con un corazón humilde y una adoración genuina.

He aquí el punto esencial, dependía del corazón. Ese corazón que puede engañarnos a nosotros mismos, pero nunca podrá engañar a Dios.

¿Cuántos de nosotros nos acercamos a Dios tratando de impresionarlo con acciones llenas de bondad, pero nuestro corazón esconde una doble intención?

¿A qué huele tu ofrenda?

Hoy en día no nos acercamos a Dios con un animal en mano para darlo en sacrificio, no. Hoy la ofrenda es nuestro propio corazón, nuestras vidas, nuestro tiempo, nuestros recursos.

Si su ofrenda es un sacrificio de las ofrendas de paz, si la ofrece del ganado, sea macho o hembra, sin defecto la ofrecerá delante del SEÑOR. **Levítico 3: 1**

Sin defecto, es decir, lo mejor, lo más limpio, lo perfecto. Ofrecer al Señor un animal enfermo o cojo era considerado una ofensa directa a Dios. El Padre nunca vería con agrado un sacrificio tal. El olor de ese sacrificio sería desagradable para Dios, no aceptable ante Su presencia.

Y los hijos de Aarón lo quemarán en el altar, sobre el holocausto que está sobre la leña en el fuego; es una ofrenda encendida de aroma agradable para el SEÑOR. **Levítico 3: 5**

Prestemos atención a todo lo que podemos obtener de esta cita Bíblica. La ofrenda debía ser quemada en el altar, se ponía sobre la leña ardiendo y cuando estuviera encendida desprendería el olor. Se convertía en aroma cuando agradaba a Dios y era aceptada por Él. ¿Pasaríamos nosotros la prueba del fuego? ¿Si al entregarnos nosotros mismos como ofrenda fuéramos puestos en fuego, seríamos aroma agradable a Dios?

El fuego de los tropiezos, de las desilusiones, de los conflictos, de las enfermedades, de la escasez, del luto. ¿Sacaría lo mejor de nosotros?

Por consiguiente, hermanos, os ruego por las misericordias de Dios que presentéis vuestros cuerpos {como} sacrificio vivo y santo, aceptable a Dios, {que es} vuestro culto racional. **Romanos 12:1**

En este camino de la fe contamos con la asistencia de un Dios Todopoderoso quien nos sostiene y sostendrá. Sin embargo, presentarnos como ofrenda es nuestro culto racional, es una decisión personal y particular. No tendría sentido que Dios mismo nos tome a nosotros para presentarnos como ofrenda para sí. No, jamás. Es desde nuestro entendimiento, desde nuestro raciocinio, que una vez hemos aceptado a Cristo como nuestro salvador decidimos entregarnos en sacrificio vivo a Dios, aunque eso signifique ser pasados por el fuego.

El tema aquí no es el entregarnos como sacrificio, si has llegado hasta este capítulo del libro es porque muy probablemente ya has tenido un encuentro con Jesús y desees servirle y entregarte a Él. Lo que debe llevarnos a pensar es si nuestro corazón pecador y desviado está en consonancia con nuestro entendimiento. Esto es importante amigo, hermano. Porque al final de la jornada Dios aceptará o no nuestro sacrificio según la intención verdadera de nuestro corazón.

Porque he sabido de vuestras muchas rebeliones, y de vuestros grandes pecados; (...) Aborrecí, abominé vuestras solemnidades, y no me darán buen olor vuestras asambleas. Y si me ofreciereis holocaustos y vuestros presentes, no los recibiré; ni miraré a los pacíficos de vuestros engordados. Quita de mí la multitud de tus cantares, que no escucharé las salmodias de tus instrumentos. **Amós 5: 12ª, 21-23**

Dios no puede ser burlado. El pueblo de Israel fue reprendido por el Señor por la falta de sinceridad en sus sacrificios, eran hipócritas. Pensaban que con grandes ofrendas y posturas piadosas podrían engañar a Dios. Pero en cuanto su ofrenda era encendida y puesta sobre el fuego, el olor era desagradable, hedía. Porque la intención de sus corazones reflejaba pecado, impureza, maldad.

Hoy lo vemos todos los días, importantes celebridades aparecen constantemente en los medios de comunicación realizando grandes obras de caridad. El público los aplaude, les celebra y les otorga premios, reconocimientos, adulaciones. Pero Dios, ese Dios que ve lo más profundo de nuestros corazones, no es movido con grandes gestos de caridad. A Dios solo lo mueve la intención de un corazón temeroso de Él. Un corazón que no espera aplausos ni admiración humana, un corazón que solo busca obedecer a su Señor.

A veces podría parecer muy difícil y confuso lograr convertirnos en aroma agradable para Dios. No basta con obras, no basta con ofrendas, debemos entregar el corazón. Pero a su vez nuestro corazón es engañoso, podría lograr incluso engañarnos a nosotros mismos, haciéndonos creer que estamos en lo correcto no siendo así.

Quiero agradar a Dios, quiero entregarme como ofrenda agradable, pero ¿Cómo lo hago? ¿Cómo me cuido de mi propio corazón engañoso?

En la palabra de Dios, la Biblia, encontramos todas las respuestas. Recuerda, todas las respuestas. Veremos cuáles consejos nos brinda la palabra para convertirnos en adoradores genuinos, que pasados por fuego desprendamos un aroma que alegre el corazón de nuestro Dios.

4 Consejos Bíblicos para una ofrecer un aroma agradable a Dios:

1- Oler a Cristo

Porque fragante aroma de Cristo somos para Dios entre los que se salvan y entre los que se pierden; para unos, olor de muerte para muerte, y para otros, olor de vida para vida. Y para estas cosas ¿quién está capacitado? **2 Corintios 2:15-16**

En un mundo poblado por tantos seres humanos con personalidades y temperamentos diferentes. Así como distintos idiomas, razas, culturas. En fin, un sinnúmero de factores y características que nos distinguen los unos de los otros. Pero más allá de nuestras condiciones físicas, genéticas y culturales Dios nos divide en dos grupos, solo dos clasificaciones ante los ojos de Dios, y cada una de esas dos únicas clasificaciones poseen su propio olor.

La palabra nos indica que existen seres humanos salvados por Cristo y otros perdidos sin Cristo, unos huelen a vida y otros huelen a muerte. Y la pregunta final de la cita bíblica nos dice: ¿Quién está capacitado?

¿Quién de nosotros tiene la capacidad para distinguir un olor del otro? Ninguno de nosotros puede, solo Dios.

Aquellos que hemos aceptado a Cristo como nuestro Señor y salvador, lo confesamos con nuestro estilo de vida y tenemos una relación personal con Él, llevamos el aroma de Cristo. Esto no lo digo yo, lo dice la palabra de Dios. *Porque fragante aroma de Cristo somos para Dios.*

Así que, en un mundo poblado por gente salvada y gente en camino a la perdición, los primeros huelen a Cristo y poseen un aroma lleno de la fragancia de Cristo.

¿Y tú, hueles a Cristo?

2- Andar en Amor

Y andad en amor, así como también Cristo os amó y se dio a sí mismo por nosotros, ofrenda y sacrificio a Dios, como fragante aroma. **Efesios 5:2**

Dios nos llama a andar en amor. La palabra andar en este contexto bíblico se refiere a vivir, a tener un estilo vida y conducta que refleje amor. Esto ya cambia las cosas, no se trata de que vaya caminando por una ruta y tenga un gesto esporádico de amor hacia alguna persona y listo, realmente se trata de que mi vida completa sea un constante amar y mostrar amor.

Y no, no he usado un pleonasmo al hablar de amar y mostrar amor. Aunque no debería ser así, en nuestro mundo estas son dos acciones completamente diferentes. ¿Cuántas personas aman realmente a sus cónyuges sin nunca demostrarlo? ¿Cuántos matrimonios han fracasado por la incapacidad de mostrar el amor que sienten?

Dado que el concepto de amor que tenemos los seres humanos no es el mismo concepto de Dios, el versículo bíblico continúa indicándonos el cómo debemos amar bajo los principios divinos: *así como también Cristo os amó y se dio a sí mismo por nosotros.*

Al menos en mi definición de amor no entraba la parte del entregarme a mí misma. ¿Te das cuenta? En un mundo reinado por el egoísmo, la ambición, la individualidad, el hedonismo, Dios nos enseña la manera correcta de amar. ENTREGÁNDONOS NOSOTROS MISMOS. Amigo, si aún no llegas al punto de entregarte a ti mismo debo decirte que ante los ojos y el concepto de Dios tu amor es flaco, está incompleto, realmente no es amor.

Sabiendo Dios lo difícil que sería para nosotros el amar y mostrar ese amor, envió a Cristo. Cristo nos mostró con acciones lo que realmente es amar. Y no solo nos enseñó a amar a nuestra familia, cónyuge, amigos. Cristo fue más allá, nos enseñó a amar (entregarnos) aún a nuestros enemigos.

Ahora podemos entender mejor la siguiente parte del versículo: *ofrenda y sacrificio a Dios, como fragante aroma.*

Dios mira el acto de amar como un sacrificio, como una ofrenda que a su vez Él recibe con aroma fragante. Amar nunca será fácil, ni cómodo. Amar implica sacrificio. Y Dios no se refiere a un sacrificio de cosas materiales, no. Es el sacrificio a uno mismo, a nuestras comodidades, placeres, bienestar. A cambio de la comodidad, placer y bienestar del prójimo, incluyendo a nuestros enemigos.

¿Qué te parece dar un paso a la vez? Si al igual que yo has comprendido que tu amor no ha obedecido las expectativas de Dios y que es mucho más difícil de lo que pensaste, incluso puedes no sentirte aún preparado para comenzar a amar de forma real. Te invito a dar un paso a la vez, Dios nos ayudará. Él nos sostendrá en este camino de obediencia a Su palabra.

Un paso a la vez puede ser igual a un día a la vez, día a día, caer y levantarse, fallar y lograrlo, y otra vez volver a intentarlo. Pero también puede ser una persona a la vez, puedes iniciar con tu cónyuge, si lo tienes. O quizás con tus padres, hermanos. Verás que llegarás a un nivel de madurez tal que amar a tus enemigos te será menos indecible.

Dios comprende que, para unos seres humanos caídos, el amar es un gran sacrificio. No estamos acostumbrados a entregar y mucho menos cuando la entrega somos nosotros mismos.

3- Caminar en Santidad

Como aroma agradable os aceptaré, cuando os haya sacado de entre los pueblos y os haya recogido de las tierras donde estáis dispersos; y mostraré mi santidad entre vosotros a la vista de las naciones. **Ezequiel 20:41**

La santidad es el aroma preferido por Dios, tanto es así que Él está dispuesto a poner Su propia santidad sobre nosotros. Caminar en santidad es entender que hemos sido escogidos, apartados por el Señor. Así que ya no podemos continuar mezclando nuestras vidas con las cosas impuras de este mundo. Si quieres oler a santidad, solo debes aceptar a Cristo y Él te cubrirá de sus virtudes, haciéndote santo por completo. Pero...

La santidad es la parte que le corresponde solo a Dios, Él nos dota de santidad porque es la única manera de poder relacionarse contigo y conmigo. Recordemos que Dios aborrece el pecado y su relación íntima es con el justo (santo), solo al vernos como personas santas es como el Señor se acerca y se relaciona con nosotros, ¿Por qué? Porque Dios es Santo. No obstante, más allá de la santidad, la cual recibimos como un regalo de Dios al aceptar a Cristo como nuestro Señor, existe un proceso que nos corresponde a nosotros como seres humanos. Nuestro deber y llamado es a la santificación.

Como tenemos estas promesas, queridos hermanos, purifiquémonos de todo lo que contamina el cuerpo y el espíritu, para completar en el temor de Dios la obra de nuestra santificación. **2 Corintios 7:1**

La santificación es la parte del proceso que nos toca a ti y a mí, al elegir lo santo en nuestras vidas para perfeccionarnos en el camino de la santidad. Es vestirte de ropas santas, visitar lugares santos, tener amistades santas, hablar palabras santas, tener pensamientos santos.

Por lo demás, hermanos, todo lo que es verdadero, todo lo honesto, todo lo justo, todo lo puro, todo lo amable, todo lo que es de buen nombre; si hay virtud alguna, si alguna alabanza, en esto pensad. **Filipenses 4:8**

Dios espera de nosotros que enfoquemos nuestras energías y fuerzas para perfeccionar nuestra santidad y andar junto a Él por el camino de la santificación. Es como aquella persona que estuvo todo el día en un jardín de claveles, al salir de allí será evidente su aroma, todos sabrán donde estuvo. Lo mismo sucede con el que visitó por un instante una pocilga con cerdos, al salir de allí será evidente donde estuvo.

Dios nos ha vestido de blanco, nuestro deber es mantener intacto el vestido hasta el día de la boda con nuestro Señor.

La buena noticia es que la misericordia del Señor es tan grande que se renueva para nosotros día a día, Dios nos da la oportunidad de iniciar una y otra vez.

Aún nos hayamos manchado la ropa blanca con la cual Él nos cubrió, la sangre de Cristo tiene el poder de lavar y quitar esas manchas, blanqueando por completo nuestras vidas y haciéndonos justos nuevamente ante el Padre.

En Él tenemos redención mediante su sangre, el perdón de nuestros pecados según las riquezas de su gracia. **Efesios 1:7**

4- Orar sin cesar

Y cuando hubo tomado el libro, los cuatro seres vivientes y los veinticuatro ancianos se postraron delante del Cordero, teniendo cada uno arpas, y copas de oro llenas de incienso, que son las oraciones de los santos: **Apocalipsis 5.8**

Un día cuando este mundo esté bajo el juicio de Dios, los ángeles y los redimidos se postrarán ante Cristo para alabarle y enaltecerlo sobre todo lo creado. Allí también estarán las oraciones de los justos, llenando aquel lugar de aroma. La cita anterior dice que son tan valiosas las oraciones de los hijos de Dios que serán puestas en copas de oro, ¿Te imaginas esto? Tus oraciones y las mías no solo están hoy ante la presencia de Dios, sino que permanecerán por siempre y serán usadas para aromatizar el estrado de Cristo.

Si por un momento pensaste que tus oraciones constantes, sinceras y santas no eran escuchadas por Dios, te tengo una noticia. No solo son escuchadas, sino que son atesoradas para el día del juicio.

Este versículo bíblico habla de incienso, nuestras oraciones serán el incienso que perfumará el trono de Dios. Pero para que el incienso pueda desprender el olor debe ser quemado, debe pasar por fuego. Si tus oraciones son el fruto de un gran proceso de pruebas tras pruebas, te felicito. Esas oraciones pasadas por fuego estarán ante Cristo con olor fragante y en copas de oro.

Ese oro que representa que pasaste la prueba y fuiste hallado puro.

Las arpas en esta cita significan alabanza, celebración. Que hermoso saber que aquellas oraciones que hiciste en los momentos más difíciles de tu vida serán presentadas ante el Señor en medio de alabanzas y fiesta. ¿Sabes por qué? Porque el Cordero habrá vencido y reinado, y tú habrás vencido y reinado junto con Él.

Lo cierto es que no todas las oraciones estarán ante el trono del Cordero.

El Señor está cerca de quienes lo invocan, de quienes lo invocan en verdad. **Salmos 145:18**

Pero que pida con fe, sin dudar, porque quien duda es como las olas del mar, agitadas y llevadas de un lado a otro por el viento. **Santiago 1:6**

Solo recibirá Dios con olor fragante aquellas oraciones que nazcan de un corazón puro, sincero y lleno de fe.

Para Cristo nunca serán agradables las oraciones producidas desde una vida que practique el pecado, desde una persona sin verdadero temor de Dios, ni desde unos labios que no le honren constantemente con su hablar. Pero sobre todo esto, Dios nunca recibirá con olor agradable aquellas oraciones carentes de fe.

Por eso, confiésense unos a otros sus pecados, y oren unos por otros, para que sean sanados. La oración del justo es poderosa y eficaz. **Santiago 5:16**

Desean algo y no lo consiguen. Matan y sienten envidia, y no pueden obtener lo que quieren. Riñen y se hacen la guerra. No tienen, porque no piden. **Santiago 4:2**

Dios no concede peticiones desde nuestra ambición, vanidad, vanagloria, ni desde nuestros celos. Si nos miramos con honestidad son muchas las oraciones que hacemos desde nuestros deseos mundanos. Un mejor vehículo, una mejor casa, mayores ingresos económicos, mejores ropas. ¿Elegirías tú este tipo de peticiones para aromatizar el trono de Dios?

Todas estas oraciones lo que realmente confiesan es nuestra ingratitud, nuestra inconformidad con lo que Dios nos ha dado y nuestros niveles de envidia al compararnos unos con otros.

Busquemos de todo corazón que nuestras oraciones sean una de aquellas que perfumaran el trono de Dios en aquel día final.

Los ojos del Señor están sobre los justos, y sus oídos, atentos a sus oraciones. **Salmos 34:15**

CAPÍTULO V

HAY UNA VOZ QUE ESCUCHAR

El sentido del oír es un don maravilloso. Lo que escuchamos carga nuestra mente de información, y son esas informaciones las que luego marcan nuestra conducta. Debemos estar conscientes del poderoso efecto que las palabras ejercen sobre nuestras acciones. Lo que escuchas hoy podría definir tu conducta mañana. Así que la pregunta inicial sería ¿Qué estamos escuchando? Durante todo un día, ¿Qué tipo de información estamos recibiendo?

No es de sorprender que la violencia vaya en aumento, es sobre violencia que escuchamos en los noticieros, en la música, películas. La violencia se ha convertido en un tema frecuente de conversación, y de esta forma continuamos produciendo más violencia.

¿Qué estamos escuchando? ¿Nos estamos exponiendo a palabras de desánimo, desaliento, inconformidad, quejas?

Dichosos más bien —contestó Jesús— los que oyen la palabra de Dios y la obedecen. **Lucas 11:28**

Dichosos aquellos que escuchan la palabra de Dios. En un mundo cargado de voces que llenan nuestras mentes de desconsuelo y fatalidad, bienaventurados somos cuando nuestros oídos escuchan la palabra de Dios. Esa palabra que nos consuela nos confronta, nos anima, nos llena de esperanza y también nos desafía.

Porque la palabra de Dios es viva y eficaz, y más cortante que toda espada de dos filos; y penetra hasta partir el alma y el espíritu, las coyunturas y los tuétanos, y discierne los pensamientos y las intenciones del corazón. **Hebreos 4:12**

La Palabra de Dios tiene poder. Medita brevemente en todo lo que la Palabra de Dios puede hacer en tu vida, alma, mente y espíritu. Ella expone nuestros pecados, nos pone frente a ellos y nos insta a corregirlos. La Palabra de Dios habla a nuestro espíritu para convencerlo del camino errado. No obstante, hay algo que la Palabra no hace, no puede obligarte a cambiar, ni toma decisiones por ti.

Luego de escuchar la Palabra de Dios, entonces se requiere de nosotros la acción, ponerla en práctica, obedecerla. No hacerlo es desobediencia, es aborrecer y desechar la voz de corrección que viene del mismo Señor.

No se contenten sólo con escuchar la palabra, pues así se engañan ustedes mismos. Llévenla a la práctica. **Santiago 1:22**

Me atrevo a afirmar que si se te hace difícil obedecer la Palabra de Dios es porque no la estás escuchando lo suficiente. Es porque hay otras voces y otras palabras alrededor llamando tu atención.

El exponerse constantemente a la Palabra de Dios produce un efecto de acción en nuestra mente, condiciona nuestro espíritu y transforma nuestra conducta. Lo mismo ocurre si es otro el mensaje que recibimos. Así que por regla de tres podríamos afirmar que tu conducta hoy revela lo que has estado escuchando durante mucho tiempo.

Por tanto, todo el que me oye estas palabras y las pone en práctica es como un hombre prudente que construyó su casa sobre la roca. **Mateo 7:24**

Ningún ser humano consciente se mira al espejo y aun viendo errores en su vestimenta continúa adelante sin corregirlos, no tendría sentido el espejo en ese caso. La Biblia es nuestro espejo espiritual, si quieres saber qué tan derecha está tu corbata o tu collar consulta al espejo, pero si quieres saber que tan recto está tu carácter y conducta, consulta la Palabra de Dios.

Así que la fe viene como resultado de oír el mensaje, y el mensaje que se oye es la palabra de Cristo. **Romanos 10:17**

La Biblia está llena de historias verídicas que nos muestran el carácter de Dios. También contiene enseñanzas, órdenes, directrices que vienen desde el mismo corazón de Dios.

A través de la Biblia aprendemos del Dios que es amor, justicia y verdad. A la vez conocemos al Dios que hace tronar los cielos, al Dios de batallas y que es fuego que consume a los impíos.

La pregunta inicial a este capítulo fue: ¿Qué estamos escuchando? Mi deseo es que a partir de hoy permitas que la Palabra de Dios sea lo que reine en tu vida y lo que escuches continuamente. Pero tan importante es lo que estás escuchando como a quién estás escuchando.

¿A quién escuchamos?

A eso de la medianoche, Pablo y Silas se pusieron a orar y a cantar himnos a Dios, y los otros presos los escuchaban. **Hechos 16:25**

Imagina que te ves encerrado en una cárcel, te encuentras afligido, no sabes si verás otra vez la libertad. Extrañas a tu familia. Tu alma está agobiada frente a tal situación. Escuchas quejas de los otros reclusos, gritos, llanto, el escenario es caótico, desesperante. Pero a lo lejos se escuchan voces diferentes, escuchas cantos, aplausos, y celebración. Te vas acercando poco a poco y notas que son reclusos iguales que tú, escuchas sus cánticos de alabanza y te contagia el ritmo, sonríes mientras comienzas a llenarte de paz.

La vida es parecida a esa cárcel, vivimos en medio de constantes aflicciones y turbulencias. Es por esto que debemos acercarnos a esas voces que nos llenan de paz.

Busquemos escuchar personas que serenen nuestro espíritu y alejarnos de quienes traen palabras de derrota, chismes y contiendas. ¿A quién estamos escuchando?

¿Quién es tu consejero? ¿Es una persona que ama y obedece a Dios? La persona que escuches debe acercarte a Dios, debe ser un motor de esperanza en tu vida, debe ser alguien que te inspire a seguir caminando firme bajo el temor a Dios. No escuches ninguna voz que excluya a Dios en su mensaje. Esto es así de radical, debemos terminar de comprender que sin Dios nada somos, sin Él es imposible lograr nuestros objetivos. Nunca tendrás paz sin Dios, nunca alcanzarás el éxito sin Dios, y jamás tendrás felicidad sin Dios.

Basta con leer las noticias para confirmarlo, países muy seguros y grandes potencias mundiales viven sin paz, personas que han obtenido premios, fama y logros mundanales viven en la depresión. Cada día aumentan las ventas de fármacos que ayudan a dormir y calman la tristeza. Y es que hasta que el mundo deje de escuchar las voces de aquellos que nos alejan de Dios seguiremos nadando y muriendo en la orilla. Solo Dios es el antídoto, solo Dios nos salva, solo Dios puede transformar nuestras vidas y llenarlas de gozo abundante en Cristo.

Yo soy la vid, vosotros los pámpanos; el que permanece en mí, y yo en él, éste lleva mucho fruto; porque separados de mí nada podéis hacer.
Juan 15:5

No escuches a aquellos que te apartan de Dios. Por el contrario, que tus oídos estén atentos a escuchar a quienes te llenan de confianza y fortaleza en los momentos más difíciles. Y a la vez debo preguntarte: ¿Qué escuchan los demás en ti? ¿Eres de los que con sus palabras y consejos brindan esperanza y fe?

Dios busca hombres y mujeres que, así como Pablo y Silas, canten y alaben aún en sus momentos más duros y desafiantes.

Nunca sabrás qué vida estarás impactando. Quizás haya otro recluso igual que tú escuchándote cantar, aplaudir, alabar y puedas llenarlo de paz. Pero no podemos dar si no tenemos. Debemos llenarnos de Dios, saturarnos de Su Palabra y solo cuando nuestras vidas hayan sido impactadas por la Palabra de Dios estaremos listos para bendecir a otros.

Pablo y Silas estaban en la misma condición física que los demás reclusos. Ellos también estaban presos, atados con fuertes y gruesas cadenas, pero espiritual, mental y emocionalmente su condición era diferente. Eso es lo que te ofrece Dios y Su Palabra, otra perspectiva de vida, una transformación interior que cambiará para bendición tu vida y la de quienes te rodean.

Jesús le respondió: —Escrito está: "No sólo de pan vive el hombre, sino de toda palabra que sale de la boca de Dios. **Mateo 4:4**

La Palabra de Dios es el alimento del alma.

Existe una vieja historia que cuenta como en una ocasión un sabio le dijo a su aprendiz:

- Dentro de cada ser humano existen 2 lobos feroces que luchan hasta la muerte.

- ¿Quién de ellos ganará? (preguntó el aprendiz).

- Aquel que se encuentre mejor alimentado.

Es así, dentro de cada ser humano hay una lucha entre la voluntad del espíritu y la voluntad de la carne, una lucha entre hacer lo correcto o ir tras el pecado. ¿Quién ganará esta lucha? Aquel a quien nosotros más alimentemos y fortalezcamos. Solemos cuidar constantemente nuestro físico, nuestra carnalidad. Cumplimos nuestros antojos, caprichos y deseos de manera constante. Pero no actuamos con la misma diligencia cuando nuestro espíritu nos pide orar, meditar, escuchar una buena predica o leer la Biblia.

Con frecuencia escuchamos el llamado de nuestro espíritu y sabemos que lo necesitamos, pero lo ignoramos. Preferimos consentir a la carne antes que, a nuestro espíritu, y es así como la carne se va fortaleciendo mientras nuestra vida espiritual se va desgastando hasta morir por desnutrición.

Amigo, hay una voz urgente que escuchar. En este mundo de ruidos escandalosos, Dios nos llama a Su paz. Escuchemos con diligencia y pasión la voz de Dios, a través de la Biblia.

Solo al escuchar a Dios obtendremos las armas necesarias para vivir en este mundo y guardar nuestro espíritu.

Acércate a aquellos que te conectan a Dios, alimenta tu alma mediante Su Palabra. Ella (la Biblia) es una lámpara a nuestros pies que, si la usamos fielmente, no nos dejará tropezar.

Lámpara es a mis pies tu palabra, y lumbrera a mi camino. **Salmos 119:105**

HAY UN FINAL FELIZ

Hasta aquí hemos abordado cada uno de nuestros 5 sentidos físicos. La diferencia es que físicamente podemos sobrevivir sin uno o incluso varios de estos sentidos, no así en lo espiritual. La vida espiritual de un hijo de Dios se extinguiría por completo si le faltase tan solo uno de los 5 sentidos del adorador.

En términos físicos el conjunto de todos los sentidos la vista, el tacto, el olfato, el oído, el gusto, forman en cada ser humano una especie de sistema que nos complementan como un todo, para funcionar cabalmente. Sin embargo, como en todo sistema, cada uno de estos sentidos está interconectado a una torre de control, un centro de mando desde el cual recibe las órdenes que les permite funcionar. Esa torre de control es la mente.

Desde nuestro cerebro se controla toda una estructura de red compuesta por neuronas sensoriales, las cuales se encargan de enviar el estímulo suficiente a cada sentido para su correcto desempeño. Si estás leyendo este libro es porque tu cerebro te lo permite ¡Gloria a Dios por nuestro cerebro perfectamente diseñado!

En nuestra vida espiritual funciona igual, nuestros 5 sentidos espirituales están atados a una torre de control desde donde se produce todo lo bueno que hay en nosotros, para el debido funcionamiento de nuestra adoración. Esa torre de control está perfectamente coordinada por el Padre, el Hijo y el Espíritu Santo.

En cuanto aceptamos la necesidad que tenemos de acercarnos al Padre, reconocemos a Cristo como el único camino, y una vez poseemos a Cristo el Espíritu Santo entra en nosotros y nos sella como propiedad de Dios. ¿Cómo pueden las 3 personas de la trinidad conformar un centro de mando, una torre de control? Cada uno de ellos es uno, funcionan en una coordinación perfecta, siendo el mismo Dios en tres personas y roles.

La única forma de que nuestros sentidos espirituales funcionen correctamente es que estén completamente interconectados a la torre de control. Desde allí recibirán las coordenadas y directrices apropiadas, santas, puras, y perfectas. Amigo, no quieras dirigir tu vida espiritual por ti mismo, asegúrate de que la torre de control esté al mando y tu vida funcionará bajo la cobertura de Dios, y esa es la mejor bendición que podemos recibir.

Digo, pues: Andad en el Espíritu, y no satisfagáis los deseos de la carne. Porque el deseo de la carne es contra el Espíritu, y el del Espíritu es contra la carne; y éstos se oponen entre sí, para que no hagáis lo que quisiereis. **Gálatas 5:16-17**

El primer paso a seguir para que la torre de control esté al mando es poseer un enfoque adecuado. No podemos estar cambiando de centro de mando, permitiendo que un día gobierne nuestra carnalidad y pasiones humanas y al otro día entregarle el control a Dios. No. Así no es cómo funciona la vida de un adorador.

Un verdadero adorador sabe que lo carnal y lo espiritual se contraponen. Son opuestos, jamás podrán comulgar ni tener nada en común. Es por esto que debemos decidir a quién entregaremos el control de nuestra mente, la torre de control. Dios no acepta compartir el mando con nuestra carnalidad, con nuestras ambiciones y nuestros deseos. Así Él no está dispuesto a operar en nosotros.

Concentren su atención en las cosas de arriba, no en las de la tierra. **Colosenses 3:2**

Dios nos llama a poner nuestro enfoque en el cielo. A ignorar todo lo que está aquí en la tierra, en términos materiales, emocionales y sentimentales. ¿Sabes por qué? Porque es temporal, es una falacia, es vanidad. Un día está y al otro día ya no estará.

Tus sentidos espirituales permanecerán por la eternidad, no así tus sentidos físicos. Estos últimos irán en detrimento a medida que pase el tiempo ¡Ya lo verás! Siendo así no tiene ningún sentido edificar proyectos de largo plazo sobre aquello que pronto, muy pronto pasará.

Nuestro objetivo debe ser el cielo, nuestro proyecto de vida debe estar en el cielo, nuestra mayor inversión debe estar en el cielo.

No os conforméis a este siglo, sino transformaos por medio de la renovación de vuestro entendimiento, para que comprobéis cuál sea la buena voluntad de Dios, agradable y perfecta. **Romanos 12:2**

Si aún tienes dudas en cuanto a lo banal de este mundo y sus congojas, Dios te dice a través del apóstol Pablo que debes transformar tu mente para que puedas entender Sus planes perfectos y agradables. Solo al sustituir de tu mente lo pasajero por lo eterno podrás admirar a un Dios que ve más allá de lo presente y se interesa por perfeccionarnos para la vida eterna. No se conformen a este siglo, es el llamado de Dios. Es decir, no se vuelvan igual a este mundo, no se adapten a estos tiempos, no se acomoden a esta era porque muy pronto pasará.

Porque mis pensamientos no son vuestros pensamientos, ni vuestros caminos mis caminos, dijo Jehová. **Isaías 55:8**

Nunca lograremos entender las profundidades de los pensamientos de Dios. Luego de varias décadas de vida logro comprender el propósito de Dios en muchas decisiones que Él tomó sobre mí. La elección de mis padres, mi nacionalidad, ciertos acontecimientos y circunstancias vividas ahora son valiosas para mí.

Todas ellas han formado el ser humano que soy hoy, han desarrollado mis virtudes y también mis miserias. Y si me tocara a mí elegir, elegiría exactamente la misma vida que Dios de antemano ya dispuso. Quizás en los momentos más difíciles de mi pasado hubiese deseado cambiar las circunstancias, pero solo al pasar el tiempo logramos (a veces) comprender la perfección en los planes de Dios.

Al permitir que Dios tome el control de tu vida y de tus sentidos, y convertirlo en jefe supremo de tu torre de control, debes estar dispuesto a entregar el mando aún en aquellos momentos en los que quisieras cambiar el rumbo de tus circunstancias. O en situaciones donde obedecer sea contrario a tu naturaleza humana o incluso contraria a tus proyectos y planes.

Para que tu vida sea completamente dirigida por Dios debes iniciar por comprender que Sus propósitos son mucho mejores que los tuyos, y que solo Él sabe lo que te conviene realmente.

Examíname, oh, Dios, y conoce mi corazón; Pruébame y conoce mis pensamientos; Y ve si hay en mí camino de perversidad, y guíame en el camino eterno. **Salmos 139:23-24**

¿Le has pedido a Dios alguna vez de manera sincera que te examine?

Si te preguntas cómo lograr que Dios tome el control de tu vida por completo los versículos de este salmo te dan una buena idea sobre cómo iniciar.

Cuando vas al chequeo médico esperas que el doctor sea lo más minucioso posible, te molestaría saber que el especialista obvió estudios importantes que pudieron ayudar a evaluar mejor tu condición física, tu salud. No obstante, no somos tan diligentes cuando se trata de evaluar nuestro corazón. Muy por el contrario, si supiéramos que el único doctor del alma, Dios, llegaría un día para examinarnos desearíamos que obviara todas las evaluaciones posibles.

Actuamos con hipocresía en este aspecto, decimos que es más importante lo espiritual que lo físico, pero huimos del doctor del corazón.

Debes saber que si Dios toma el mando de tu torre de control hará un examen profundo en tus pensamientos pasados, presentes y aún en los futuros. Observará toda tu perversidad y sentimientos desviados. Pero no los evaluará para traer juicio sobre ti, no. Dios los evaluará para enderezar lo torcido y guiarte por el camino correcto. En esta evaluación médica no habrá fármacos curativos, Dios mismo será tu medicina. Una medicina infalible a todos tus males espirituales. ¿Le pedirías a Dios un examen médico?

Oh, Jehová, tú me has examinado y conocido. Tú has conocido mi sentarme y mi levantarme; has entendido desde lejos mis pensamientos. **Salmos 139:1-2**

Podemos tener la certeza de que Dios nos examina constantemente, aún no le entreguemos el mando de nuestra torre de control estamos todos los días frente a Sus ojos. Nos observa y conoce nuestras más profundas y ocultas intenciones. Pero, hasta que Él sea nuestro Señor no cambiará el rumbo de nuestras vidas.

El Espíritu Santo nos habla a cada instante motivándonos a cederle el control, prometiéndonos un destino más seguro y confortable. Solo cuando aceptemos su solicitud nos sentiremos aliviados de la carga que supone tener siempre el mando. Aceptar a Cristo como salvador y Señor es la manera en la que aceptamos la guianza y autoridad de Dios sobre nuestras vidas.

Hay camino que al hombre le parece derecho; pero su fin es camino de muerte. **Proverbios 14:12**

Si le preguntas a una persona mandona como yo, te confesará que el trabajo de dirección, gestión y control es agotador y desgastante. Al final del día terminamos abatidos física, mental, emocional y espiritualmente. Alabo a Dios porque recibe mis cargas y me dirige. ¿Te imaginas toda una vida al mando de tu propia vida? No lo puedo ni pensar.

¿Puedes imaginar las dificultades de aquellos que están al control absoluto de su vida? Es una responsabilidad y una carga muy pesada, mucho más pesada de la que deberíamos llevar. Dios nos asegura que si le entregamos la torre de control de nuestras vidas hallaremos descanso. Él planificará por nosotros, dirigirá, controlará, ejecutará y lo mejor de todo asumirá las consecuencias. No más sentimientos de culpa, de fracaso, ni aún el dañino orgullo que llega tras el éxito. Dios será el responsable, la gloria será solo de Él.

Venid a mí todos los que estáis trabajados y cargados, y yo os haré descansar. Llevad mi yugo sobre vosotros, y aprended de mí, que soy manso y humilde de corazón; y hallaréis descanso para vuestras almas; porque mi yugo es fácil, y ligera mi carga. **Mateo 11:28-30**

Nuestro Señor nos ha dotado no solo de sentidos físicos que nos bendicen cada día, sino también de sentidos espirituales que más allá de bendecirnos nos convierten en instrumentos de bendición. Así como el sol sale sobre justos e injustos, Dios ha otorgado a todos los seres humanos capacidades que hacen más agradable y satisfactoria nuestra vida aquí en la tierra. Pero ha reservado para Sus hijos los sentidos espirituales para hacerles más placentera y satisfactoria la relación personal con su Dios y Padre. No nos equivoquemos, esto no se trata de elegir el sentido espiritual de mi preferencia. Así como ningún ser humano en su sano juicio elegiría uno de sus sentidos para despreciar los otros 4 sentidos, ni amaría 4 de ellos para aborrecer tan solo uno. De la misma forma ningún adorador real podría ser feliz si le faltara al menos uno de estos sentidos espirituales.

Si aún no recibes al Padre como el Señor de tu vida, estás a tiempo. Puedes cambiar tu vida hoy, ahora, ¡ya mismo! Te aseguro que en el preciso instante en el que cierres tus ojos, desbordes humildemente tu corazón y hagas esta breve oración, que más adelante te muestro, el Espíritu de Dios entrará en tu vida y comenzará a guiarte y a procesarte. Este proceso no será fácil, pero valdrá la pena. Cada día de tu vida valdrá la pena. De lo único que te arrepentirás es de no haberlo aceptado antes.

Oración de arrepentimiento:

Señor, Dios todopoderoso, hoy mi corazón te busca humildemente, reconociendo su incapacidad y su gran necesidad de ti. Te pido perdón por todo el tiempo que he vivido de espaldas a ti. Lávame con la sangre de Cristo, ese Cristo que murió por mí, a quien acepto como mi Señor y salvador desde ahora y para siempre, y por medio de quien me dirijo a ti. Amén.

Si realizaste esta oración de arrepentimiento debo decirte, BIENVENIDO A LA FAMILIA DE DIOS. Ya eres miembro de una gran familia, compuesta por muchos hermanos en Cristo en todo el mundo. A partir de ahora, debes acercarte a tus hermanos en la fe, integrarte a una congregación cristiana y comenzar este hermoso camino de santificación en el Señor.

ÚLTIMAS PALABRAS

Estamos llamados a llevar una vida plena aquí en la tierra, reflejando el gozo de Jesucristo que hay en nuestros corazones. Pero esa vida plena no será posible a menos que fijemos nuestros ojos en Cristo y nos involucremos más de cerca con nuestro Dios y sustentador.

Pidamos cada día un corazón más como el de Jesús, que brote bondad, ternura y paz. Que nos permita iluminar la vida oscura de tantos seres humanos hundidos en la tristeza y el quebranto.

La vida de un adorador no debe limitarse a guerras espirituales, cruces pesadas, sufrimientos diarios. Hemos sido puestos en esta tierra por un breve tiempo, y nuestro llamado es a dejar huellas de bendición. Marquemos pisadas indelebles en las vidas y corazones de los que Dios nos ha puesto cerca. Miremos a nuestro alrededor con ojos de amor, toquemos con bondad, endulcemos la amargura del quebrantado, desprendamos olor fragante con nuestro estilo de vida, abramos nuestros oídos a la voz de aquellos que nos necesitan.

Caminemos con paso firme, aferrados a nuestra inconmovible torre de control, nuestra roca fiel, aquella que jamás dejará de ser.

Y a Aquel que es poderoso para hacer todas las cosas mucho más abundantemente de lo que pedimos o entendemos, según el poder que actúa en nosotros, a él sea gloria en la iglesia en Cristo Jesús por todas las edades, por los siglos de los siglos. Amén. **Efesios 3:20-21**

¡FIN!

Otras obras del autor, disponibles en principales librerías cristianas y plataformas digitales:

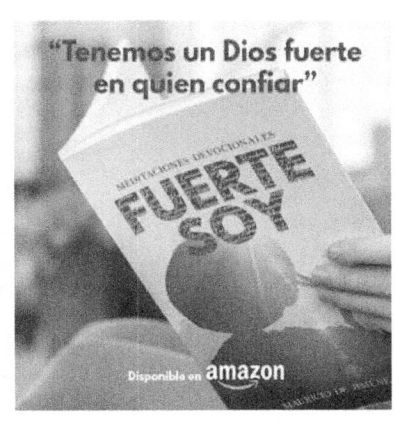

Encuentra recursos cristianos para tu vida y ministerio en nuestras cuentas de redes sociales: @mauriciodejimenezoficial

Profundiza en el estudio de la Palabra de Dios, a través de nuestro podcast:

Lo que Dios me mandó a decir.

Made in United States
Orlando, FL
28 February 2025